dtv
premium

Thomas Hohensee

Der innere Freund

Sich selbst lieben lernen

Deutscher Taschenbuch Verlag

FSC
Mix
Produktgruppe aus vorbildlich
bewirtschafteten Wäldern und
anderen kontrollierten Herkünften

Zert.-Nr. GFA-COC-1298
www.fsc.org
© 1996 Forest Stewardship Council

Der Inhalt dieses Buches wurde auf einem nach den
Richtlinien des Forest Stewardship Council zertifizierten
Papier der Papierfabrik Munkedal gedruckt.

Originalausgabe
Juli 2008

www.dtv.de

Umschlagkonzept: Balk & Brumshagen
Satz: Greiner & Reichel, Köln
Gesetzt aus der Fairfield 10,75/15' und der Charlotte Sans
Druck und Bindung: Kösel, Krugzell
Gedruckt auf säurefreiem, chlorfrei gebleichtem Papier
Printed in Germany · ISBN 978-3-423-24679-8

INHALT

DIE ETWAS ENTSPANNTERE ART, DIESES BUCH ZU LESEN

Meine Empfehlung lautet ganz einfach:

Machen Sie das Lesen dieses Buchs zu einem Vergnügen.

Falls Sie noch im Buchladen vor dem Regal stehen, könnten Sie sich eventuell etwas bequemer hinstellen oder sich eine Sitzgelegenheit suchen. Und wenn Sie schon zu Hause sind, haben Sie vielleicht Lust, sich erst einmal etwas gemütlicher hinzusetzen.

Sie könnten sich aber auch einen Tee oder Kaffee machen, ein Glas Wein oder ein paar Kekse holen, bevor Sie mit dem Lesen beginnen. Was Sie eben so brauchen, um sich möglichst behaglich zu fühlen.

Wann immer Sie in diesem Buch lesen: Entscheiden Sie sich dafür, diese Zeit zu einer angenehmen Erfahrung zu machen. So entwickeln Sie quasi nebenbei die Einstellung, um die es in diesem Buch geht.

Wenn Sie zu müde sind, um zu lesen, dann schlafen Sie lieber. Wenn Sie zu hungrig sind, dann essen Sie lieber. Falls Sie Bewegung brauchen, machen Sie erst einmal einen Spaziergang. Das Buch können Sie immer noch lesen. Es mit hungrigem Magen und schlechter Laune vor die übermüdeten Augen zu halten, würde keinen Sinn machen.

Sorgen Sie stets dafür, dass Sie sich wohlfühlen.

Selbst wenn Sie nur diesen einen Satz beherzigten und mit der Lektüre des Buchs nicht weiterkämen, wäre sein Zweck damit doch erfüllt.

SICH SELBST LIEBEN LERNEN

Die wichtigste Beziehung in Ihrem Leben

Viele Menschen kritisieren sich bei jeder Kleinigkeit und begegnen ihrem Spiegelbild mit geringschätzigen Bemerkungen. Auf der ganzen Linie sind sie unzufrieden mit sich. Bei Misserfolgen reden sie sich ein, dass nun alles vorbei sei. Sie sagen sich eine Katastrophe nach der anderen vorher. Und auch sonst lassen sie keine Gelegenheit aus, um sich zu beunruhigen, zu deprimieren und zu quälen.

Wie wäre es, wenn es da jemanden gäbe, der Sie in schwierigen Momenten ermutigt und bei allen Niederlagen tröstet und wieder aufrichtet? Jemand, der Sie versteht und gut behandelt, auch dann, wenn andere sich abwenden? Eine Person, die Sie nie im Stich lässt und bereit ist, Ihnen jederzeit zu helfen?

Aber wer sollte dies sein? Freunde, Partner oder Verwandte sind oft nicht erreichbar, gerade dann, wenn man sie am dringendsten bräuchte. Freunde in der Not gehen tausend auf ein Lot, heißt es. Außerdem leben heute immer mehr Menschen – zumindest zeitweise – als Single.

Zwar begleiten uns die Eltern, Ehepartner, Freunde und Kollegen ein Stück unseres Lebens. Aber nur eine Person war in der Vergangenheit immer an unserer Seite, ist in diesem Moment bei uns und wird uns auch in Zukunft niemals verlassen, egal was kommt: Diese Person sind wir selbst. Nur wir selbst erleben unser gesamtes Leben von der Geburt bis zum Tod.

Wie wertvoll wäre da ein innerer Freund! Doch wie findet man ihn? Wie wird man sich selbst ein Freund, vielleicht sogar der beste? Viele wünschen sich dies, andere empfehlen es. Wie soll dieser Wunsch Wirklichkeit werden?

Die Antworten auf diese Fragen finden Sie in diesem Buch. Sie werden feststellen, dass die hier vorgestellten Strategien im Alltag einfach anzuwenden sind. Allerdings kann ich Ihnen die kleinen Mühen nicht ersparen, die mit jedem Training verbunden sind. Es genügt nämlich nicht, die Fähigkeiten des inneren Freundes zu verstehen. Sie müssen sie auch täglich anwenden. Dann wartet jedoch eine große Belohnung auf Sie: Die Begegnung mit dem inneren Freund wird Ihr Leben in jeder Hinsicht bereichern, es erfüllter und glücklicher machen.

Vorbilder

Wenn Sie einmal mit offenen Augen durch die Straßen gehen und die Ihnen entgegenkommenden Menschen etwas genauer betrachten: Wie viele machen auf Sie den Eindruck, dass sie sich und anderen ein Freund sind?

Bei den meisten werden Sie sich vermutlich nicht sicher sein, ob und wie sehr sie sich und andere mögen. Einige werden Ihnen das Bild vermitteln, dass sie mit sich und anderen nicht sonderlich freundlich umgehen: finstere Mienen, eine

Körpersprache, die Rücksichtslosigkeit offenbart, Zeichen von offenkundiger Vernachlässigung, Körper und Seele betreffend.

Ein paar Passanten werden Ihnen jedoch Wohlwollen und Freundlichkeit signalisieren. Diese Glücklichen scheinen – jedenfalls im Moment – mit sich und der Welt zufrieden zu sein. Sie wirken entspannt und wenn man genauer darauf achtet, stellt man fest, dass man sich in ihrer Gegenwart ebenfalls entspannt und wohlfühlt.

Was machen diese Menschen anders als die anderen? Wie denken, fühlen und handeln diejenigen, die sich und andere mögen? Und wie kann man lernen, es ihnen gleichzutun? Behalten Sie bitte diese drei Fragen beim Weiterlesen im Gedächtnis.

Der Aufbau des Buchs orientiert sich ebenfalls an diesen Fragen. Das Kapitel »Eine freundliche innere Stimme entwickeln« enthält alle wesentlichen Informationen, die für ein liebevolles Denken und Fühlen erforderlich sind. »Freundlich mit sich umgehen« schildert die wichtigsten Elemente wohlwollenden Verhaltens. Da wir auf unsere Umgebung Einfluss nehmen und umgekehrt diese auch auf uns, kommen wir im Kapitel »Eine liebevolle Umgebung finden« darauf ausführlicher zu sprechen. In »Anderen ein Freund sein« erfahren Sie schließlich, wie Sie Ihre positiven Gedanken, Gefühle und Verhaltensweisen ausweiten können, auf andere Menschen und auf Ihre übrige Umwelt.

Damit Sie das alles nicht nur lesen und dann wieder vergessen, finden Sie im Kapitel »Der innere Freund in Aktion« einige Tipps, wie Sie das Gelesene täglich anwenden können.

Warum warten?

Manche warten sehnsüchtig darauf, dass jemand ihnen mal etwas Nettes sagt. Sie verzehren sich nach ein paar freundlichen Worten und sind sogar bereit, dafür mehr zu tun, als ihren eigenen Interessen entspricht.

Andere wünschen sich, dass ihre Freunde ihnen etwas Gutes tun, sie ins Kino oder Theater, vielleicht auch zu einem Ausflug mitnehmen oder mit ihnen verreisen. Irgendetwas, das ihnen Spaß machen würde.

Und wie viele träumen von einer privaten und beruflichen Umgebung, in der sie sich endlich wohlfühlen können: schöne Räume, bequeme Möbel, freundliche Menschen und vieles mehr.

Warum warten? Mit der Unterstützung des inneren Freundes kann jeder lernen, mit sich selbst freundlich zu sprechen und verletzende Selbstkritik zu unterlassen. Auch ist es nicht nötig, sich ins stille Kämmerlein zurückzuziehen und Däumchen zu drehen, während das bunte Leben draußen an einem vorüberzieht. Jeder kann mit sich selbst die gleiche Freude erleben wie mit einem Partner oder einer Gruppe. Man muss nicht warten, bis ein Wunder geschieht und die Umgebung sich über Nacht in einen angenehmen Ort verwandelt. Wenn man sich selbst ein Freund ist, schafft man es auch, seine Umgebung so zu wählen bzw. einzurichten, dass man sich richtig wohlfühlt.

Wir brauchen niemanden außer uns selbst, um ein gutes Leben voller Freude und Zufriedenheit zu leben. Aber verstehen Sie mich bitte nicht falsch. Dieses Buch ist keine Aufforderung, eine Einsiedlerin zu werden oder völlige

Autarkie anzustreben. Es geht nicht um ein Entweder-oder. Vielmehr wird Ihre Welt reicher und angenehmer, wenn Sie Freundschaften mit anderen Menschen pflegen *und* sich selbst ein guter Freund sind, wenn Sie mit sich selbst etwas anfangen können *und* mit anderen gute Beziehungen unterhalten. Der Vorteil liegt auf der Hand: Sie brauchen dann nicht mehr zu warten, bis andere Ihnen etwas Nettes sagen oder Sie einladen, um zusammen etwas zu unternehmen. Sprechen Sie einfach selbst wie Ihr bester Freund mit sich und tun Sie das, wozu Sie Lust haben.

Liebe bringt Glückseligkeit hervor

Freundschaft und Liebe scheinen zu den schwierigsten Begriffen auf dieser Welt zu gehören. Jedenfalls sind es besonders vielschichtige Wörter, die von verschiedenen Menschen ganz unterschiedlich aufgefasst werden.

Diese Einschätzung wird durch einen Blick ins Wörterbuch bestätigt. Dort finden sich für »Liebe« die folgenden Bedeutungen:

»1. starke Zuneigung, starkes Gefühl des Hingezogenseins, opferbereite Gefühlsbindung,

2. enge Beziehung zu etwas, heftiger Drang, heftiges Verlangen,

3. eine leidenschaftliche Liebe, die meist in eine enge körperliche und (oder) geistige und (oder) seelische Bindung zwischen zwei Menschen übergeht« (Wahrig, ›Wörterbuch der deutschen Sprache‹).

Ob mit diesen Definitionen das Wesen der Liebe tatsächlich erfasst wird, ist fraglich. Ist sie wirklich ein »starkes Gefühl des Hingezogenseins«? Oder gar eine »opferbereite Gefühlsbindung«? Das hört sich an, als sei die Liebe eine Kraft, die uns Menschen willenlos macht. Nach dieser Definition verlieren wir die Selbstbeherrschung, werden hingezogen, so sehr sogar, dass wir alles Mögliche, vielleicht sogar unser Leben, dafür hingeben wollen. Klingt sehr dramatisch!

Und was ist mit dem »heftigen Drang«? Dem »heftigen Verlangen«? Danach wäre Liebe gleichbedeutend mit Gier. Diese wird ebenfalls als »heftiges Verlangen« definiert.

Schließlich der dritte Deutungsversuch: »leidenschaftliche Liebe«. Diese Erklärung leidet bereits darunter, dass sie wiederholt, was sie beschreiben will: Liebe sei Liebe, »leidenschaftliche« Liebe, die »meist« (also nicht immer!) in irgendeine Form von »Bindung zwischen zwei Menschen« übergehe.

Obwohl sich fast alles um die Liebe zu drehen scheint und sie auch ständig besungen wird, nicht wenige sie für die Antwort auf sämtliche Fragen halten, gibt das Wörterbuch keine befriedigenden Definitionen. Will es Liebe einfach so umschreiben, wie ein Teil der Menschen sie erlebt? Einige haben in der Tat den Eindruck, dass Liebe sie überkomme und willenlos mache. Sie glauben, der Liebesgott Amor schieße seine Pfeile ab, wie es ihm gefällt. Dagegen könnten sie sich unmöglich wehren.

Doch dieser Eindruck trügt. Wäre Liebe wirklich dasselbe wie Gier, Leidenschaft und Opferbereitschaft, würde ich Ihnen dann empfehlen, Liebe und Freundschaft zu sich selbst zu entwickeln? Auf keinen Fall!

In Wirklichkeit spiegeln die Definitionen des Wörterbuchs die *Missverständnisse* über Liebe wider. So wie ich die Liebe verstehe, ist sie eine positive Erfahrung und nicht begleitet von Gier, Kummer oder Leiden. Der Schriftsteller und Therapeut Chuck Spezzano hat es sehr treffend so formuliert: »Wenn es verletzt, ist es nicht Liebe.«

Im Gegenteil: Liebe bringt Glückseligkeit hervor. Sie ist eine Form des Glücks. Dieses Glück kann sich auf einen selbst, auf andere Menschen, auf Pflanzen, Tiere, ja auf die ganze Welt beziehen.

Liebt jemand, freut er oder sie sich über die andere Person und möchte sie so glücklich sehen wie sich selbst.

Wer sich selbst liebt, empfindet ein tiefes Wohlwollen für die eigene Person. Sich selbst liebende Menschen freuen sich über die eigenen Fähigkeiten und Entwicklungsmöglichkeiten. Sie sind mit sich und der Welt im Reinen. Diese Zufriedenheit resultiert daraus, dass sie ihre Bedürfnisse kennen und bereit sind, sie zu erfüllen, soweit es möglich ist. Anders als manche glauben, sind diejenigen, die sich selbst lieben, nicht weniger, sondern besser in der Lage, auch anderen Glück zu wünschen und sie aktiv in ihrem Streben danach zu unterstützen. Das Gefühl der Zufriedenheit mit sich selbst erlaubt es ihnen, anderen echtes Wohlwollen entgegenzubringen.

Diese Merkmale der Selbstliebe werden noch deutlicher, wenn man sie mit mangelnder Selbstliebe kontrastiert. Die, die sich selbst nicht lieben, lehnen sich im Ganzen oder doch in wesentlichen Teilen ab. Sie mögen sich nicht, sind unglücklich mit der eigenen Person, ihren Eigenschaften und Fähigkeiten. Oft wissen sie nicht, was sie zu ihrem Glück brauchen, oder sie sind nicht bereit, sich ihre eigenen Bedürfnisse zu erfüllen. Das ist es, was schmerzt, nicht die Liebe. Wegen ihrer tiefen Unzufriedenheit mit sich selbst und aufgrund ihres mangelnden Glücks schauen sie schadenfroh auf andere herab, denen es schlechter geht, und blicken neidisch auf die, die sie für glücklich halten.

Missverständnisse über Liebe und Freundschaft

Die Behauptung, dass Liebe nicht dasselbe sei wie heftiges Verlangen und nagende Leidenschaft, möchte ich näher begründen.

Wenn Liebe ihrem Wesen nach in Wirklichkeit eine Form des Glücks ist, wie kommen dann Verlangen und Leidenschaft so sehr ins Spiel, dass manche sie für die Liebe selbst halten? Das ist relativ einfach zu erklären. Eine mögliche Folge des Glücks besteht darin, dass man sich an das klammert, was man liebt, es also nie wieder loslassen möchte. Wenn man auf die Liebe bzw. das Glück so reagiert, macht man sich große und nie endende Sorgen, ob der geliebte Mensch für immer bei einem bleiben wird. In diesem Moment, wo derartige Sorgen und Ängste hinzukommen, wird die Liebe zum Leiden. Aus den Sorgen und Ängsten können später Panik und Depressionen werden. Dann wird das Leiden noch stärker.

Es ist sehr wichtig zu verstehen, dass der Schmerz nicht mit der Liebe selbst verbunden ist, sondern mit dem Anklammern, dem Nie-wieder-loslassen-Wollen. Liebende erliegen mitunter dem Irrtum, den einen geliebten Menschen für die einzige Quelle des Glücks in der Welt zu halten. In ihrer

Fixierung auf ihr »Ein und Alles« blenden sie die zahlreichen, stets vorhandenen anderen Möglichkeiten, um glücklich zu sein, komplett aus. Wer so denkt, dem muss die Liebe zwangsläufig als gefährlich und abgründig erscheinen.

Dieses Missverständnis über die Liebe kann so weit gehen, dass nicht mehr das Glück, sondern das Leiden, die Leidenschaft, das Verlangen, die Gier, die Eifersucht und andere negative Folgen der falschen Einstellung als die wahren Zeichen von Liebe angesehen werden.

Auch wenn Menschen dazu neigen, ihr Glück mit aller Macht festhalten zu wollen, so ist dies doch keine zwangsläufige Folge der Liebe. Es geht auch anders. Man kann andere loslassen und trotzdem weiter lieben, wenn sie die Liebe nicht erwidern oder ihre Liebe erlischt, sie sich abwenden und gehen. Das hängt mit dem Wesen der Liebe zusammen, die weder vom Zusammensein mit den geliebten Menschen noch von deren Reaktionen abhängig ist. In all diesen Fällen ist es möglich, trotzdem glücklich zu bleiben und freundliche Gedanken mit den geliebten Menschen zu verbinden. Wie man über andere denkt, hängt nicht allein von denen ab, sondern von einem selbst. Ob man glücklich ist oder nicht, bestimmen nicht die anderen, sondern man selbst.

Falls diese Überlegungen für Sie neu und ungewohnt sind, erwarte ich nicht, dass Sie mir sofort zustimmen. Ich will Sie nicht einmal davon überzeugen. Sie entscheiden allein, wie Sie Liebe für sich definieren, ob Sie damit Glückseligkeit oder Leiden verbinden wollen. Das Konzept des »inneren Freundes« eröffnet Ihnen jedoch die Chance, sich nicht als Opfer Ihrer Liebe zu fühlen, sondern eine bessere Wahl zu treffen.

Kommen wir zu einem anderen Missverständnis über die Liebe. Manche meinen, wahre Liebe müsse absolut und bedingungslos sein. Solcher Liebe wird geradezu Heilwirkung nachgesagt. Sie sei das, wonach sich jeder sehne. Wer sie erfahre, werde verwandelt und für immer erlöst sein.

Man merkt es bereits an den Übertreibungen: Unbedingte Liebe ist ein Mythos und im wirklichen Leben nicht anzutreffen. Wir leben hier auf der Erde. Das Paradies kommt später. Niemand braucht unbedingte Liebe, um ein glückliches Leben zu führen. Und wer glaubt, immer lieben zu müssen, egal was andere tun, setzt sich einer extremen Forderung aus und damit unter erheblichen Druck.

Die Wirklichkeit sieht z. B. so aus: Es ist normal, dass Eltern ihre Kinder nicht rund um die Uhr, das ganze Jahr hindurch mit gleicher Intensität lieben. Genauso wie sie sie lieben, ärgern sie sich auch über sie, machen sich ihretwegen Sorgen und wünschen sie gelegentlich zum Mond. Die Kinder überstehen das unbeschadet und lernen zu unterscheiden, was sie tun und was sie lassen müssen. Alles andere wäre weltfremd. Warum sollten Eltern glücklich über ihre Kinder sein, wenn diese Porzellan zertrümmern? Schaden nehmen die Kinder nur dann, wenn ihre Eltern sie überhaupt nicht lieben.

Genauso normal ist es, dass zwei Erwachsene, die sich mögen, sich nicht pausenlos herzlichst zugetan sind. Das wäre sehr anstrengend. Wir sind Menschen und keine Heiligen oder Götter. Entspannen Sie sich lieber. Sie müssen weder sich selbst noch andere immer, unbedingt und für alles lieben.

Ist Lieben eine Kunst? Nein, auch das ist nur ein Missverständnis. Lieben zu können ist glücklicherweise eine Fähigkeit, mit der alle Menschen geboren werden. Selbst wenn sie am Anfang wenig oder gar nicht entwickelt ist, kann man sie auch später noch lernen.

In diesem Zusammenhang fällt mir die Geschichte von Temple Grandin ein, die als Autistin geboren wurde, es dann aber aus eigener Kraft und mit Hilfe einfühlsamer Erwachsener geschafft hat, ein weitgehend normales Leben zu leben. Sie ist heute Wissenschaftlerin und Inhaberin einer großen Firma.

Als Autistin konnte sie am Anfang kein Mitgefühl für andere Lebewesen empfinden. In ihrem spannenden Buch ›Durch die gläserne Tür. Lebensbericht einer Autistin‹ (amerikanischer Originaltitel: ›Emergence – Labeled autistic‹) kann man lesen, wie es ihr gelungen ist, die sie umgebende Welt zu entschlüsseln und mit der Zeit sogar lieben zu lernen.

Wenn Lieben also selbst unter so schwierigen Bedingungen möglich ist, dann handelt es sich mit Sicherheit um keine Kunst, sondern um eine Fähigkeit, die jeder entfalten kann.

Die Idee, dass man nur eine Person lieben könne, ist weit verbreitet. Danach wäre Liebe etwas, womit man sparsam umgehen muss. Eine Art Nullsummenspiel: Was man dem einen zuwendet, muss man dem anderen entziehen. Vergleichbar mit einer Batterie, deren Vorrat an Energie begrenzt ist. Man muss gut haushalten, damit sie sich nicht zu schnell erschöpft.

Tatsächlich trifft das alles nicht zu. Liebe ist Glückseligkeit. Bestimmte Gedanken lösen liebevolle Gefühle aus. Gedanken aber sind Informationen und Informationen erschöpfen sich nicht. Sie können an verschiedenen Stellen zugleich sein und lassen sich leicht vervielfältigen. Anders als Energie erneuert sich Liebe in Sekundenschnelle. Schon ein einziger Gedanke kann Liebe und Glückseligkeit entfachen. Man kann das Phänomen der Liebe, insbesondere ihre Unerschöpflichkeit und Ausdehnung, besser verstehen, wenn man sie nicht mit Energie, sondern mit Information vergleicht.

Natürlich kann es sein, dass man einige Personen mehr liebt als andere, aber prinzipiell ist Liebe unbegrenzt. Daher kann sie sich auf viele beziehen: Lebenspartner und Lebenspartnerinnen, Freunde und Freundinnen, die Familie, Seelenverwandte, Bekannte und Unbekannte.

Liebe und Freundschaft kann man auch gegenüber Tieren und Pflanzen empfinden, da sie eine Form des Glücks und mit Freude und Glückwünschen verbunden sind. Tierfreunde freuen sich über diese Lebewesen, seien es Hunde, Katzen oder Frösche. Sie möchten, dass es ihnen gut geht. Ebenso Pflanzenfreunde. Sie sind beglückt beim Anblick von Bäumen, Blumen und der Farbenpracht der Pflanzenwelt und sorgen für das Wohl dieser Geschöpfe.

Und wie ist es mit Sachen? Kann man auch Dinge lieben? Das ist eine Frage der Weltsicht. Die Alltagssprache lässt Äußerungen wie »Ich liebe diese Perlenkette« oder »Ich liebe mein neues Auto« zu. Auch beim Gedanken an seine Lieblings-CD kann man Glück empfinden. Aber wünscht man diesen Sachen, dass sie »glücklich« sein mögen? Können

Steine oder andere »tote« Dinge überhaupt »glücklich« sein? Die meisten würden diese Fragen wohl verneinen. Nur Pantheisten halten Sachen für beseelt. Für sie sind sie nicht tot. Sie würden daher auch einem Gebirge Glück wünschen.

Wie immer man Menschen, Tiere, Pflanzen und Dinge betrachtet, die Liebe ist vom Prinzip her grenzenlos.

Widerstand gegen die Selbstliebe

Das größte Missverständnis besteht wohl darin, anzunehmen, dass Selbstliebe oder Freundschaft mit sich selbst narzisstisch, egoistisch, egozentrisch, kurz gesagt: schädlich für die Gemeinschaft sei.

Für diesen Irrtum sind mehrere Gründe verantwortlich:

Wie wir eben gesehen haben, schließt die Liebe zu einer Person die zu anderen nicht aus. Wer also meint, sich selbst Liebende würden sonst keinen mehr mögen können, hängt einem Mangelmodell an. Liebe ist in Wirklichkeit im Überfluss vorhanden. Sie ist prinzipiell unerschöpflich, es sei denn, jemand setzt ihr willkürlich Grenzen. Deshalb hätten die Gegner der Selbstfreundschaft allen Grund, sich einmal zu fragen, ob sie nicht ihre eigene Liebesfähigkeit zu stark einschränken.

Der Widerstand hat oft auch mit einer inneren negativen Stimme zu tun. Hat man als Kind immer nur gehört, dass es egoistisch sei, an sich selbst zu denken, kommt einem später jeder Gedanke an die eigenen Interessen, der kleinste eigene Wunsch egoistisch vor. Die Angst, egoistisch zu handeln, blockiert dann die Selbstliebe.

Dabei ist der Unterschied zwischen Egoismus und Selbstliebe sehr einfach. Egoisten denken nur an sich selbst. Das Glück der anderen ist ihnen egal. Dagegen beziehen Menschen, die sich selbst mögen, andere mit ein. Das entspricht dem Wesen der Liebe.

Selbstliebe ist der Weg zwischen zwei Extremen. Auf der einen Seite steht der Egoismus mit seiner extremen Selbstbezogenheit. Auf der anderen Seite finden wir die Selbstlosigkeit, die bis zur Aufopferung geht. Für Menschen mit dieser Haltung stehen nur andere im Mittelpunkt. Sie ignorieren ihre eigenen Bedürfnisse. Beiden extremen Haltungen misslingt die Balance zwischen dem Selbst und den anderen.

Selbstliebe bedeutet dagegen, die eigenen Wünsche zu erkennen, zu erfüllen und zugleich die Umgebung im Auge zu behalten, auch deren Bedürfnisse zu sehen und hilfsbereit zu sein. Sie erleichtert das Zusammenleben, weil glückliche und zufriedene Menschen besser miteinander auskommen als unglückliche. Die Gesellschaft kann also von denjenigen, die ein gutes Verhältnis zu sich selbst haben, nur profitieren.

Selbstverantwortung

Es liegt zunächst an den Eltern, ob man sich selbst ein Freund wird. Jedes Kind wird von seiner Umgebung geprägt. Es passt sich auf allen Ebenen an seine Umgebung an: mit seinem Denken, Sprechen, Fühlen und Verhalten. Indem das Kind die Menschen in seiner Umgebung beobachtet und nachahmt, übernimmt es deren Normen. Es lernt, was man in welchen Situationen sagt und wie man sich gegenüber anderen verhält. Dabei lernt es auch, wie man mit sich selbst umgeht und ob man glücklich sein darf oder nicht.

Angeblich geht man in manchen Regionen in Deutschland in den Keller, um zu lachen. Bestimmt ist diese Aussage übertrieben. Aber wahrscheinlich trifft es zu, dass die Menschen in solchen Landstrichen ernster sind als andere. Die Schwaben gelten als »Häuslebauer«. Dort ist es selbstverständlich, so bald wie möglich ein eigenes Haus zu errichten. So existieren eine Reihe familiärer, regionaler und kultureller Selbstverständlichkeiten, die man beim Heranwachsen in sich aufnimmt.

Kinder glauben erst einmal alles, was die Erwachsenen sagen. Das können Sätze sein wie »Du bist ein liebes/böses Kind«, »In unserer Familie kann niemand rechnen, mach dir nichts daraus«, »Mädchen müssen artig sein«, »Aus dir wird einmal etwas werden«, »Wie kannst du nur so dumm sein«. Sie wissen noch nicht, dass dies nur Meinungen sind, aber keine unumstößlichen Tatsachen.

Die Gelegenheit zu einer eigenen Bewertung, auch der eigenen Person, ergibt sich erst, wenn die Kinder zunehmend erwachsen werden. Dann bemerken sie, dass zu fast allen Fragen verschiedene Meinungen existieren, und dass sie selbst entscheiden können, was sie glauben wollen und was nicht.

In dem Maße, wie man von den Eltern unabhängig wird, hat man die Möglichkeit, sich selbst zu erziehen. Falsche Überzeugungen und schlechte Gewohnheiten lassen sich ändern. Leider gelingt es aber vielen nicht, sich später von ihren negativen Denk- und Verhaltensweisen zu befreien.

Manchmal glauben sie erst gar nicht, es zu können. Manchmal sind sie auch einfach nicht beharrlich genug, um die Macht alter Gewohnheiten zu überwinden.

Mangelnde Selbstliebe zeigt sich im Denken und Handeln. Zum Glück haben die meisten Erwachsenen in ihrer Kindheit ein paar Menschen getroffen, die freundlich zu ihnen waren. Darum hat fast jeder eine Vorstellung davon, was es heißt, wie ein Freund mit sich zu reden und gut zu sich zu sein. Lieblose innere Stimmen kann man so verändern, dass man nicht mehr unter ihnen leidet. Selbstschädigendes Verhalten lässt sich durch gute Gewohnheiten ersetzen. Die Schritte dahin muss aber jeder selbst unternehmen. Das ist der Preis der Unabhängigkeit, den man als erwachsener Mensch zu zahlen hat. Entweder es bleibt alles so, wie es ist, oder man entscheidet sich für neue, freundlichere Denk- und Verhaltensweisen.

Wie sehr lieben Sie sich?

Mit der folgenden Skala können Sie Ihre Selbstliebe schnell einschätzen. Dazu stellen Sie sich die Frage: Wie sehr bin ich mir selbst eine Freundin bzw. ein Freund? Dann ermitteln Sie auf einer Skala von 1 bis 10 den für Sie zutreffenden Wert. Die Zahl 1 bedeutet, dass Sie sich im Moment überhaupt nicht mögen. Die 10 steht für die Aussage: Ich finde mich toll. Für den Wert 5 würden Sie sich entscheiden, wenn Sie sich im Augenblick nicht sicher sind, ob Sie sich mehr Freund oder Feind sind.

Beachten Sie, dass es sich dabei nur um eine Momentaufnahme handelt. Beim nächsten Mal kann Ihre Selbsteinschätzung besser oder schlechter sein. Sie können mit jedem neuen Test feststellen, ob Sie Fortschritte oder Rückschritte gemacht haben.

0 1 2 3 4 5 6 7 8 9 10

Die Skala lässt immer noch Raum für weitere Verbesserungen (es sei denn, Sie stünden jedes Mal bei 10). Was müssten Sie anders machen, um einen oder einen halben Punkt weiter nach oben zu kommen?

Zusätzlich können Sie für verschiedene Bereiche getrennt ermitteln, ob Sie sich darin ein Freund sind. Testen Sie beispielsweise folgende Punkte: Aussehen, Körper, Intelligenz, Beruf, Beziehungen, Fitness, Ernährung, Schlaf, Freizeit. Behandeln Sie sich gut, wenn es um Essen und Trinken geht? Wo stehen Sie auf der Skala? Unterstützen Sie sich in Ihrem Beruf wie ein guter Freund? Wie schätzen Sie sich ein? Haben Sie eine gute Meinung von Ihrem Aussehen? Von Ihrer Intelligenz? Probieren Sie es einfach für verschiedene Bereiche aus.

Wenn Sie länger mit diesem Buch arbeiten, können Sie mit Hilfe dieser Skala sehr gut Ihre Entwicklung feststellen. Dieses Instrument kann Sie auf Ihre Fortschritte hinweisen, Sie andererseits aber auch warnen, wenn Sie dabei sind, sich von sich selbst zu entfremden.

Im Laufe der Zeit können Veränderungen in beide Richtungen eintreten. Menschen, die sich als Teenager noch mögen, können sich selbst gegenüber sehr kritisch und unfreundlich werden, wenn sie die Lebensmitte erreichen oder alt werden. Umgekehrt ist eine positive Entwicklung möglich von einer schwierigen Einstellung zu sich selbst in der Pubertät zu einer echten Freundschaft in späteren Jahren.

Außerdem gibt es Leute, die eine ausgesprochen ambivalente Haltung nicht nur zu anderen, sondern auch zu sich selbst haben, hin- und hergerissen zwischen Liebe und Ablehnung. Wie auch immer Ihre momentane Einschätzung ist: Streben Sie danach, eine verlässliche, stabile Freundschaft zu sich selbst aufzubauen.

Der Experte, das sind Sie

Betrachten Sie die folgenden Tipps wie die Menüs auf einer Speisekarte. Wählen Sie aus, was Sie anspricht und was für Sie persönlich richtig ist. So wie Ihnen keiner sagen kann, was Ihnen schmecken und Ihr Wohl fördern wird, so kann Ihnen auch niemand genau sagen, was Sie brauchen, um sich selbst der beste Freund zu werden. Ein Gastwirt kann Ihnen immer nur die Speisekarte zeigen, von der Sie dann selbst auswählen. So kann auch ich Ihnen nur Angebote machen, mit deren Hilfe es Ihnen gelingen kann, sich selbst mehr zu mögen und so zu leben, wie es Ihnen am besten gefällt. Als Experte in Ihren eigenen Angelegenheiten entscheiden Sie allein, was im Moment am besten zu Ihnen passt.

DIE FÄHIGKEITEN DES INNEREN FREUNDES

1. Ihr innerer Freund spricht mit Ihnen so, dass Sie sich dabei wohlfühlen, selbst wenn er mal etwas Kritisches zu sagen hat. Er weist Sie auf die schönen Seiten des Lebens hin und freut sich mit Ihnen über Ihr Glück. Probleme und andere Widrigkeiten des Lebens leugnet oder verschweigt er nicht. Aber er hilft Ihnen, so damit umzugehen, dass Sie im Gleichgewicht bleiben. Mit seiner Hilfe können Sie unangenehme Gefühle wie Ängste, Enttäuschungen und Ärger – die zum Leben immer dazugehören – leichter ertragen.
2. Ihr innerer Freund sorgt für Spaß und Lebenslust. Jeden Tag zeigt er Ihnen aufs Neue, wie Sie sich Gutes tun können. Er unterstützt Sie bei der Verwirklichung Ihrer Lebensziele sowie bei der Schaffung einer Umgebung, in der Sie aufblühen.
3. Er zeigt Ihnen, andere auf dieselbe liebevolle Weise zu behandeln wie sich selbst.

EINE FREUNDLICHE INNERE STIMME ENTWICKELN

Zuhören lohnt sich

Den ganzen Tag über ist unser Verstand aktiv. Wir planen unsere nächsten Schritte, nehmen wahr, was um uns herum geschieht, kommentieren diese Ereignisse pausenlos, mal kritisch und mal zustimmend. Zu den aktuellen Ereignissen assoziieren wir Erinnerungen. Nachts bringt unser Geist Alpträume und Wunschphantasien hervor. Am Tage driften wir ebenso in Traumwelten. Ab und zu wachen wir auf, aber bald sind wir wieder in unseren Gedanken. Ein ständiger Strom von Wahrnehmungen, Träumen und Erinnerungen zieht durch unseren Geist.

Solange wir nicht eingreifen, treiben wir mit diesem Strom, sind so sehr eins mit ihm, dass wir es kaum merken. Es ist sozusagen unser Normalzustand. Gedanken gehen durch unseren Kopf, Gefühle strömen durch unseren Körper. Wir machen alles so, wie wir es immer getan haben. Die Gewohnheiten verleihen unserem Leben Beständigkeit, im Guten wie im Schlechten.

Uns mit dem Strom treiben zu lassen, ist jedoch nicht unsere einzige Möglichkeit. Wir können jederzeit aussteigen und unsere Gedanken, Gefühle und Verhaltensweisen beobachten. Das heißt nicht, dass wir sofort etwas ändern müssten. Wir beobachten nur und hören uns selbst zu.

Wenn wir unsere Gedanken, Gefühle und Gewohnheiten mit voller Aufmerksamkeit wahrnehmen, ist es wichtig, dass wir uns jeglichen Kommentars, vor allem jedes negativen Kommentars, enthalten. Sonst würde die Beobachtung unseres Selbst nur eine negative Erfahrung. Warum sollten wir uns dafür bestrafen, dass wir endlich merken, was wir mit uns anstellen? Im Gegenteil, jedes Mal, wenn es uns gelingt, etwas Abstand zu uns zu bekommen und unsere Gedanken zu erkunden, sollten wir es akzeptierend zur Kenntnis nehmen: »Aha, das denke ich also. Interessant!«, »Ach, das ist es, was ich immer wieder zu mir sage!« oder »Es ist okay, so zu denken.«

Lassen Sie alles zu. Erlauben Sie sich zu denken, was immer Sie denken. Aber nehmen Sie es so genau wie möglich wahr und achten Sie auf die Zusammenhänge zwischen Ihren Gedanken und Gefühlen. Wie fühlen Sie sich, wenn Ihnen dieses oder jenes durch den Kopf geht? Was tun Sie, wenn Sie dieses oder jenes denken? Was würde sich an Ihren Gefühlen und Ihrem Verhalten ändern, wenn Sie anders über bestimmte Ereignisse dächten?

Es kann am Anfang ungewohnt sein, sich selbst bewusst zuzuhören und alle Gedanken zu akzeptieren. Das ist normal. Bleiben Sie trotzdem stets eine neutrale Beobachterin.

Sie können sich auch noch auf einer anderen Ebene zuhören. Ihr Körper sendet Ihnen die ganze Zeit Signale. Es lohnt sich, auf seine Botschaften zu achten. Dadurch merkt man deutlich, wenn etwas nicht stimmt. Was dieses »Etwas« ist, lässt sich mit Hilfe eines Dialogs näher bestimmen. Man kann den Körper direkt fragen: »Was stimmt nicht?« Dann wartet man eine Weile. Die Antwort braucht meist etwas Zeit, um sich zu formen. Sie kann als Bild, Wort oder Satz auftauchen. Anders als die reinen »Kopfantworten« zeichnen sich die Antworten, die in Resonanz mit dem Körper stehen, durch eine größere Stimmigkeit aus. Sie ist deutlich spürbar.

Der ständige Dialog mit dem Körper vertieft die Beziehung, die man zu sich selbst aufgebaut hat. Mit etwas Übung ist es möglich, im Laufe der Zeit ganz aus dem Gefühl der Stimmigkeit heraus zu denken und zu handeln. Das Leben bekommt so eine neue, bessere Qualität. Anstatt sich von außen bestimmen zu lassen, lebt man in Übereinstimmung mit den eigenen Bedürfnissen.

Sollten Sie nicht ohnehin schon regelmäßig auf Ihren Körper hören, kann ich Ihnen nur dringend empfehlen, sich auf diese tiefere Ebene einzulassen. Der amerikanische Psychologe Gene Gendlin hat ausführlich beschrieben, wie man die Bedeutungen, die man im Inneren spürt, in Worte, Bilder oder Bewegungen fassen kann. Er nennt diesen Prozess »Focusing«. Das englische Wort »Focusing« ist fast identisch mit dem deutschen »Fokussieren«. Gemeint ist die Ausrichtung der Aufmerksamkeit auf das innere Gespür, um daraus Antworten entstehen zu lassen. Im Literaturverzeichnis finden Sie einige Hinweise auf Bücher von Gendlin, falls Sie sich näher mit diesem Thema befassen möchten.

So entstehen Gefühle

Warum ist es überhaupt wichtig, eine freundliche innere Stimme zu entwickeln? Das innere Gespräch, das jeder ununterbrochen mit sich führt, besteht aus einzelnen Wörtern oder Sätzen. Diese bestimmen, wie wir uns fühlen. Sprechen wir unfreundlich, kritisierend oder gar beleidigend mit uns, fühlen wir uns ungeliebt. Wir lassen den Kopf hängen, ziehen die Augenbrauen zusammen und sind unglücklich. Reden wir dagegen freundlich, aufmunternd und optimistisch mit uns, hellt unsere Stimmung auf. Wir sind entspannt, können Probleme richtig einschätzen und sehen der Zukunft hoffnungsvoll entgegen.

Die Gleichung: denken = fühlen durchzieht unser Leben. Alle Gefühle hängen von unseren Gedanken ab. Halten wir etwas für gefährlich, bekommen wir Angst. Handelt jemand gegen unsere Vorstellungen, wie etwas zu sein hat, regen wir uns auf. Bleibt eine Entwicklung hinter unseren Erwartungen zurück, sind wir enttäuscht. Umgekehrt funktioniert die Gleichung auch. Angst bringt noch mehr beunruhigende Gedanken hervor. Ärger erinnert uns an vergangene ärgerliche Geschehnisse. Hoffnungslosigkeit kreiert schwarze Gedanken.

In erster Linie entscheiden unsere Einschätzungen, Vorstellungen und Erwartungen, also unsere Gedanken, darüber, wie wir uns fühlen. Was wir für gefährlich halten, muss nicht wirklich gefährlich sein, damit wir uns ängstigen. Die Entwicklung muss nicht wirklich schlecht sein, um enttäuschend zu sein. Es genügt, dass unsere Erwartungen höher sind als die Tatsachen.

Daraus ergibt sich eine kurze Anleitung zum Unglücklichsein. Sie müssen nur alles Mögliche als gefährlich ansehen und Ihre Erwartungen immer sehr hoch schrauben. Dann können Sie sicher sein, dass Ängste und Enttäuschungen Ihr Leben beherrschen werden.

Aber auch eine Anleitung zum Glücklichsein kann man aus dem Zusammenhang von Gedanken und Gefühlen ableiten. Übertreiben Sie die Gefahren nicht. Prüfen Sie nüchtern die Tatsachen und Wahrscheinlichkeiten. Halten Sie Ihre Erwartungen im Zaum. Mit dieser Einstellung werden Ihre Sorgen geringer und Ihre Enttäuschungen seltener.

Die Erkenntnis, dass wir so fühlen, wie wir denken, hilft uns, die Liebe besser zu verstehen. Liebe ist ein Gefühl. Also gilt für sie dasselbe wie für alle anderen Gefühle. Sie entsteht nicht aus heiterem Himmel, sondern durch bestimmte Gedanken.

Für einige mag dies eine verblüffende, neue Erkenntnis sein. Falls Sie sich in der Vergangenheit immer davon überwältigt fühlten, was die Liebe mit Ihnen anstellt, haben Sie nun die Gelegenheit einzusehen, dass Sie selbst – mit Ihren Gedanken – diese Gefühle und Handlungen hervorgerufen haben.

Mehr als eine Chance zur Einsicht ist dies jedoch nicht. Sie bestimmen – wiederum mit Ihrem Denken –, ob Sie diese Erkenntnis annehmen oder nicht. Wenn Sie meinen, das alles sei doch barer Unsinn, dann ist es barer Unsinn – für Sie. Falls Sie jedoch bereit sind, zumindest zu prüfen, ob es tatsächlich so sein könnte, dass die Gedanken die Gefühle auslösen, dann sind Sie auf dem besten Weg, Ihre Gefühle und damit auch Ihre Liebe nicht dem Zufall zu überlassen.

Eine einmalige Erkenntnis ändert übrigens wenig. Alle Denk-, Gefühls- und Verhaltensgewohnheiten sind hartnäckig. Das ist nun einmal der Zweck von Gewohnheiten. Sie sorgen dafür, dass man sein Leben nicht voreilig ändert. Erst wenn man entschlossen jeden Tag die alten Gewohnheiten durch neue ersetzt, ändert sich wirklich etwas. Einmalige Erkenntnisse bleiben ohne Folgen. Deshalb bewirken auch Vorsätze für das neue Jahr nichts. Wenn die am Neujahrstag gefassten Entschlüsse nicht jeden Tag bekräftigt und in konkretes Handeln umgesetzt werden, bleibt alles wie bisher. An den Vorsätzen selbst ist nichts verkehrt. Der Fehler liegt in der mangelnden Umsetzung im Alltag.

Sowohl die unangenehmen Gefühle wie Ängste, Ärger und Enttäuschungen als auch die angenehmen Gefühle wie Glück, Gelassenheit und Liebe beruhen auf Gedanken, die dem jeweiligen Gefühl entsprechen. Schauen wir uns das genauer an:

Sie können viel zur eigenen Gelassenheit beitragen, indem Sie häufiger so etwas Ähnliches denken wie:

- »Das ist okay.«
- »Es geht auch so.«
- »Kein Grund, sich aufzuregen.«
- »Das ist vollkommen egal.«

Glück hängt mit Überlegungen zusammen, die etwas aussagen wie:

- »Das ist wunderbar.«
- »Mein Gott, ist das schön.«
- »Besser könnte es gar nicht sein.«

Liebe hat mit Gedanken wie diesen zu tun:

- »Ich mag ihn.«
- »Was für ein süßes Kind!«
- »Ich bin gern mit Lisa zusammen.«

Entscheidend ist, dass man diese Gedanken ehrlich meint. Sonst bleiben sie wirkungslos. Nur so dahingesagte Worte lösen keine tiefen Gefühle aus.

Damit Sie den Zusammenhang zwischen Ihren Gedanken und Gefühlen selbst erleben, können Sie ein kleines Experiment veranstalten: Betrachten Sie Menschen, denen Sie unterwegs begegnen – sei es im Kaufhaus, auf der Straße oder in der Bahn –, erst wohlwollend, dann ablehnend und schließlich mit Gleichgültigkeit.

Das ist einfacher, als Sie vielleicht im ersten Moment glauben. Wenn Sie zu den entgegenkommenden Passanten und Passantinnen Zuneigung empfinden wollen, denken Sie sich etwas Freundliches aus:

- »Diese Frau könnte eine Ärztin sein, die schon vielen Kindern das Leben gerettet hat.«
- »Dieser Mann hat wahrscheinlich schwere Zeiten durchgemacht. Er hat meine Sympathie.«
- »Dieses Kind sieht lustig und intelligent aus. Es wird seinen Eltern viel Freude machen.«

Schreiben Sie den Menschen positive Eigenschaften zu. Erfinden Sie eine Geschichte über sie, die sie Ihnen sympathisch macht, unabhängig von ihrem Aussehen oder dem ersten Eindruck, den Sie von ihnen haben. Da wir alle mit der Zeit persönliche Vorlieben entwickelt haben, fällt es uns bei einigen Menschen schwerer, sie zu lieben, als bei anderen. Auch darüber gibt einem dieses kleine Experiment Auskunft.

Wenn Sie die Leute, die Ihnen auf der Straße entgegenkommen, dagegen ablehnen wollen, müssen Sie es umgekehrt machen. Denken Sie negativ über sie. Das wird Ihnen bei einigen leicht- und bei anderen schwerer fallen. Geben Sie sich etwas Mühe.

- »Der dort sieht ganz nett aus. Aber er nörgelt vielleicht zu Hause an allem herum.«
- »Diese Frau kann ich nicht leiden, weil sie bestimmt nur an ihre Karriere denkt.«
- »Was für ein hässliches Kind. Es hat überhaupt keine Manieren!«

Wie müssten Sie über Ihre Mitmenschen denken, wenn Sie ihnen gleichgültig gegenüberstehen wollen? Beschreiben Sie sie ganz sachlich, ohne sie zu bewerten:

- »Die Frau trägt einen hellen Mantel.«
- »Der Mann hat schwarze Haare.«
- »Das Kind geht über die Straße.«

Probieren Sie es einmal aus. Was fällt Ihnen leichter? Positiv, also mit Sympathie über Ihre Mitmenschen zu denken? Oder sie negativ, das heißt mit leichter oder starker Abneigung, zu sehen? Sie neutral, sachlich, ohne große Wertung zu beobachten?

Das Interessante an dieser Übung ist, dass Sie mit der Zeit feststellen werden, praktisch jeden Mann, jede Frau und jedes Kind emotional »einfärben« zu können, wie Sie wollen.

Nahezu beliebig können Sie Zuneigung, Abneigung oder Gleichmut in sich auslösen, je nachdem, wie Sie über jemanden denken.

Vielleicht haben Sie Lust, das Experiment noch ein bisschen fortzuführen. Nehmen Sie eine bestimmte Person, die Sie unterwegs etwas länger beobachten können, beispielsweise während Sie in einem Café aus dem Fenster blicken. Betrachten Sie sie abwechselnd wohlwollend, abwertend und neutral.

Sie könnten auch in einer Zeitschrift blättern und beide Experimente mit den dort abgebildeten Personen machen.

Auf diese Weise werden Sie mehr und mehr feststellen, dass es nicht allein von den anderen abhängt, was für Gefühle Sie ihnen entgegenbringen, sondern Sie empfinden die anderen so, wie Sie über sie denken. Sie verlieren die Illusion, dass die anderen automatisch Gefühle in Ihnen auslösen, und erkennen, dass Sie selbst ein entscheidendes Wort dabei mitzureden haben, welche Gefühle in Ihnen entstehen.

Was Sie auf der einen Seite verlieren, Ihre Illusionen, gewinnen Sie jedoch auf der anderen. Sie erlangen emotionale Freiheit. Andere können in Zukunft nicht mehr so leicht Ihre »Knöpfe drücken«, also nicht mehr einfach positive oder negative Gefühle in Ihnen hervorrufen. Sie selbst bestimmen, wie Sie jemanden sehen wollen.

Ist Ihnen schon einmal aufgefallen, dass die Welt um Sie herum freundlicher wirkt, wenn Sie glücklich sind? Alle scheinen Ihnen zuzulachen. Selbst mürrische Zeitgenossen kommen Ihnen mit einem Mal um vieles angenehmer vor. Das liegt zum einen daran, dass andere auf Sie positiver reagieren, wenn Sie glücklich sind. Der andere Grund liegt darin, dass Sie selbst aufgrund Ihrer Hochstimmung Ihre Umgebung viel positiver beurteilen.

Dagegen erscheinen sogar Ihre liebsten FreundInnen, NachbarInnen und KollegInnen Ihnen plötzlich unsympathisch, wenn Sie schlechte Laune haben.

Verliebte sind nicht so leicht aus der Fassung zu bringen. Ihre Euphorie über die geliebte Person hält meist auch dann an, wenn etwas passiert, das sie normalerweise bei anderen stört. Großzügig sehen sie darüber hinweg.

Ganz anders stellt sich die Situation dar, wenn ein Paar in Trennung oder Scheidung lebt. Plötzlich wird alles negativ bewertet. An dem/der anderen scheint überhaupt nichts mehr sympathisch zu sein. Selbst angenehme Erinnerungen werden umgedeutet: »Das hat er/sie doch nur getan, um mich reinzulegen.«

Damit will ich nicht sagen, dass Sie sich überhaupt nicht mehr auf Ihre Gefühle verlassen dürfen. Wenn Ihnen jemand auf Anhieb unsympathisch ist, müssen Sie das nicht ignorieren. Vielleicht nehmen Sie intuitiv etwas wahr, das Sie vor unangenehmen Erfahrungen schützen kann. Auch spontane Sympathie brauchen Sie nicht zu übergehen. Liebe auf den ersten Blick kann der Beginn einer lebenslangen Freundschaft sein.

Aber durch Ihre Experimente merken Sie, wie schnell die Gefühle umschlagen, je nachdem, ob man freundlich oder unfreundlich über jemanden denkt. Man braucht sich nur eine negative Geschichte nach der anderen über denjenigen zu erzählen und schon mag man diesen Menschen nicht mehr.

Sie lernen sich dadurch selbst besser kennen, nehmen Ihre Gedanken wahr sowie Ihre gewohnten positiven und negativen Vorurteile über andere. Sie beobachten, was Sie dazu beitragen, dass andere Ihnen sympathisch oder unsympathisch, liebenswert oder abstoßend erscheinen.

Üblicherweise laufen diese inneren Prozesse unbewusst ab. Ohne es zu bemerken, bilden wir uns eine Meinung von den anderen. Wir denken positiv, negativ oder neutral über die Menschen in unserer Umgebung. Weil uns dies nicht immer bewusst ist, gewinnen wir den falschen Eindruck, die anderen würden unmittelbar, also ohne unser Zutun, angenehm oder unangenehm auf uns wirken.

Dass die Wirkung nicht allein an den anderen selbst liegt, kann man auch daran feststellen, dass verschiedene Menschen unterschiedlich auf ein und dieselbe Person reagieren. Fragt man hundert Leute, ob sie die Bundeskanzlerin sympathisch oder unsympathisch finden, erhält man völlig verschiedene Meinungen. Diese Unterschiede kann man nur dadurch erklären, dass die einen so und die anderen so über sie denken. Würde die Bundeskanzlerin den Eindruck allein bestimmen, müssten alle gleich auf sie reagieren.

Ein Schauspieler hat mal über seine Wirkung auf das Publikum gesagt: »Im Publikum sitzen 500 Zuschauer und auf der Bühne stehen 500 Schauspieler, die alle meinen Namen tragen.«

Unsere Gedanken bestimmen, ob wir andere mögen oder nicht. Sie sind auch verantwortlich dafür, ob wir uns selbst Freund oder Feind sind. Deshalb ist die folgende Frage besonders spannend und aufschlussreich:

Wie denken Sie über sich?

Beginnen wir wieder mit einem kleinen Experiment. Schreiben Sie drei Minuten lang alle Ihre positiven Eigenschaften auf. Danach nehmen Sie einen neuen Bogen Papier und listen Ihre negativen Charakterzüge auf.

Was fällt Ihnen leichter? Auf welchem Blatt steht mehr? Seien Sie nicht allzu erstaunt, wenn Sie sich schnell kritisch sehen können, aber nur mühsam positiv. Durch unsere Eltern, LehrerInnen und Vorgesetzten haben wir viele negative Äußerungen über uns gespeichert. Eltern melden sich häufig dann zu Wort, wenn sie etwas an ihren Kindern auszusetzen haben. Lehrer sprechen überwiegend über die Fehler, die ihre Schüler gemacht haben. Genauso verhalten sich die meisten Chefs. Sie schweigen, solange alles rund läuft, und geben erst einen Kommentar ab, wenn etwas schiefgegangen ist, dann aber oft laut und emotional.

Besonders negativ wird unser Selbstbild in den Fällen beeinflusst, in denen die anderen nicht unser Verhalten beurteilen, sondern unsere Person. Anstatt zu sagen: »Du hast dein Zimmer nicht aufgeräumt. Bitte mach das«, sagen Eltern nicht selten völlig entnervt: »Dein Zimmer sieht aus wie ein Saustall. Du bist eine Schlampe.« Oder sie schimpfen, vor allem wenn ihre Kinder noch klein sind: »Du böses Kind. Jetzt hast du schon wieder …« So glaubt man mit der Zeit, man sei böse, faul, dumm, schüchtern und so weiter.

Selbstverständlich loben die meisten Eltern, Lehrer und Chefinnen auch ab und zu. Aber sie gehen damit sparsam um, weil sie es für falsch halten, ihren Kindern, Schülern und Mitarbeitern ein zu gutes Bild von sich zu vermitteln.

Sie denken, diese würden eingebildet und sich in Zukunft nicht mehr anstrengen. Damit unterliegen sie jedoch einem Irrtum. Zu häufige, zu lange und zu starke Kritik demotiviert die meisten. Und selbst wenn sie sich sagen: »Denen werde ich zeigen, was ich kann«, führt das leider zu negativen Ergebnissen; denn ein Leben lang glauben sie, anderen beweisen zu müssen, nicht faul und dumm zu sein. Selbst wenn sie nach außen hin erfolgreich werden, tragen sie den Stachel der verletzenden Kritik weiter in sich.

Das negative Selbstbild, das andere uns vermittelt haben, lässt sich aber erfreulicherweise später ändern. Anders als Graugänse werden wir in der ersten Phase unseres Lebens nicht für alle Zeiten geprägt. Nicht die Vergangenheit bestimmt unsere Zukunft, sondern die Gegenwart. Nicht andere sind für unser gegenwärtiges und zukünftiges Glück verantwortlich, sondern wir selbst. Die Vergangenheit ist vergangen. Entscheidend ist, was wir heute – jetzt! – über uns, andere und die Welt denken. Wir können unser Denken, Fühlen und Handeln jederzeit ändern.

Leicht ist dies aber nicht. Die alten Denk-, Fühl- und Verhaltensgewohnheiten sind nur schwer zu überwinden. Mit schnellen Wunderkuren kommt man nicht weiter. Nur beharrliches Umdenken und Gegensteuern bringt am Ende den Erfolg.

Nehmen wir einmal an, Sie hätten ein paar negative Meinungen von sich, darunter die, dass Sie nicht schön genug seien. Viele Menschen haben dieses negative Selbstbild, selbst diejenigen, die von den Medien als Schönheiten gefeiert werden. Es gibt einfach immer etwas, das man an sich ablehnen kann.

Was könnten Sie tun, um diese negative Meinung von sich zu ändern? Als Erstes müsste der innere Freund in Ihnen der Bewertung »nicht schön genug« widersprechen. Niemand ist 100%ig schön. Das Aussehen ändert sich von Tag zu Tag, von Jahr zu Jahr. Würdigen Sie stets das Schöne an sich, sei es Ihre Figur, Ihr Gesicht, Ihre Haare, Ihre Hände, Ihre Stimme, Ihre Ausstrahlung, egal was. Denken Sie immer daran, dass »schön« und »hässlich« relative Begriffe sind. Menschen haben ganz unterschiedliche Auffassungen von Schönheit. Niemand wird von allen für schön gehalten. Niemand ist für alle hässlich. Was der eine schön findet, sieht der andere als hässlich oder als weder schön noch hässlich an. Schönheit entsteht im Kopf des Betrachters. Die reinen Tatsachen besagen wenig. Deshalb finden manche zu Recht, dass eine Kritik mehr über den Kritiker sagt als über den Kritisierten.

Sich zu lieben bedeutet, die positiven Seiten an sich zu sehen, freundlich über sich zu denken und zu sprechen und sich gut zu behandeln. Als regelmäßige Übung könnten Sie morgens und abends anfangen, positiv über sich zu denken. Erinnern Sie sich an Dinge, die Ihnen (an dem Tag) gelungen sind, Sachen, mit denen Sie zufrieden sind. Oder als Understatement: Was war nicht schlecht?

Rechnen Sie sich dabei alle Erfolge selbst zu, anstatt zu sagen: »Das war doch alles bloß Zufall.« Nehmen Sie sich Lotta aus den Kinderbüchern von Astrid Lindgren zum Vorbild. Diese findet: »Eigentlich toll, was ich alles schon kann!«

Sollen Sie von nun an alles leugnen, was Sie an sich nicht mögen? Keineswegs. Sie brauchen sich nicht zu zwingen, nur noch positiv über sich zu denken. Akzeptieren Sie Ihre Unvollkommenheiten. Wann immer Sie eine Seite an sich entdecken, die Sie negativ bewerten, sagen Sie einfach: »Es ist okay, dass ich meine Beine nicht mag, zu viel rede, geizig bin …« Danach konzentrieren Sie sich wieder auf Ihre positiven Eigenschaften. Wenn Sie etwas an sich verbessern wollen, beginnen Sie bei Ihrem Selbstbild. Die Frisur und das Hemd können Sie immer noch wechseln.

Ihr Menschenbild

Sind Menschen gut oder böse? Über diese Frage haben sich viele Philosophen, Psychologen und Theologen den Kopf zerbrochen. Wie denken Sie darüber?

Hinter der Frage steht mehr als ein philosophischer Streit. Das Menschenbild, das man hat, wirkt auf einen zurück. Hält man Menschen generell für böse, dumm oder humorlos, wird man sich kaum davon ausnehmen können; denn man ist schließlich auch ein Mensch.

Ein negatives Menschenbild ist sehr verbreitet. Es ist bezeichnend, dass man sagt, es sei menschlich, wenn sich jemand irrt. »Das ist menschlich, allzu menschlich«, heißt es immer nur in Zusammenhang mit Fehlleistungen und Fehltritten. Menschlichsein wird auf diese Weise gleichgesetzt mit negativem Verhalten. Menschen sind aber auch hilfsbereit und mutig, retten andere unter Einsatz ihres eigenen Lebens, haben einen Sinn für Schönheit, Wahrheit und Liebe. Auch das ist menschlich! Nur sagt es in diesem Zusammenhang leider niemand. Dadurch wird auf subtile Weise ein einseitig negatives Bild vom Menschsein gezeichnet.

Menschen sind weder gut noch böse, weder aggressiv noch friedfertig, weder dumm noch intelligent noch sonst etwas. Menschen verhalten sich manchmal aggressiv und manchmal – überwiegend sogar – friedfertig. Sie handeln und reden manchmal dumm und manchmal intelligent. Verallgemeinerungen in Bezug auf Einzelne und erst recht auf die gesamte Menschheit sind völlig fehl am Platz. Die Natur des Menschen ist nicht abschließend definierbar.

Es liegt nahe, zu verallgemeinern und zu denken, dass alle Menschen so sind, wenn man mit zehn Leuten dieselben Erfahrungen gemacht hat. Trotzdem ist es besser, dies nicht zu tun; denn sonst nimmt man die einzelnen Menschen nicht mehr so wahr, wie sie sind, sondern nur noch so, wie man es von allen erwartet. Am Ende zweifelt man an sich selbst und glaubt, genauso zu sein wie die Übrigen. Das Menschenbild färbt auf das Selbstbild ab.

Kann in der eigenen Familie keiner gut rechnen, misstraut man vielleicht den eigenen Rechenkünsten. Verhalten sich die Väter in Konfliktsituationen aggressiv, glauben ihre Söhne womöglich, es ihnen später gleichtun zu müssen. Leben alle einem bekannten Paare in schlechten Beziehungen, erwartet man irgendwann nicht mehr, dass Frauen und Männer gut miteinander auskommen können. Man lässt sich einreden, Männer kämen vom Mars und Frauen von der Venus, und gibt sich keine Mühe mehr, gute Erfahrungen zu machen.

Bestimmen verallgemeinernde Aussagen über Menschen das Denken und Verhalten, werden sie leicht zu sich selbst erfüllenden Prophezeiungen, weil man keine Unterschiede mehr wahrnimmt, sondern nur noch das verallgemeinerte Zerrbild der Realität.

Bis zu einem gewissen Grad braucht man Verallgemeinerungen, um in einer komplexen, unüberschaubaren Welt zurechtzukommen. Aber sollte man dann nicht lieber ein positives Menschenbild aufbauen? Positive Vorurteile kann man im Einzelfall immer noch revidieren. Wenn man eine grundsätzlich gute Meinung von sich und anderen hat, sieht die Menschheit freundlicher aus. Wegen der sich daraus ergebenden selbst erfüllenden Erwartungen ist das durchaus vorteilhaft. Niemand möchte von anderen von vornherein für schlecht, böse, gemein, dumm oder hässlich gehalten werden. Mit einem freundlichen Menschenbild erkennt man sich selbst und andere mit den Schwächen, aber auch allen Stärken.

Was es braucht, um glücklich zu sein

Der amerikanische Psychologe Martin Seligman hat sich sehr gründlich mit den Faktoren beschäftigt, die zum Glück beitragen. Das wichtigste Ergebnis seiner Studien mag auf den ersten Blick überraschen; denn es sind weniger die Lebensumstände als die innere Einstellung, die für unser Glück verantwortlich sind.

Obwohl wir doch so oft glauben, wir müssten nur reich, schön, gesund, intelligent, gebildet sein und in einer paradiesischen Gegend wohnen, um wahrhaft glücklich zu sein, hat dies alles auf das Glück in Wirklichkeit geringen Einfluss. Zwar stimmt es, dass das Leben in krasser Armut oder in einer Diktatur miserabel ist, aber davon abgesehen haben die Umstände erstaunlich wenig mit Glück zu tun. Geld und materielle Dinge im Übermaß scheinen dem Glück sogar abträglich zu sein. Jedenfalls hat sich bei Seligmans Untersuchungen herausgestellt, dass Menschen, die Geld mehr schätzen als andere Ziele, mit ihrem Leben weniger zufrieden sind.

Eigentlich kann man froh sein, dass die Lebensumstände unser Glück so wenig beeinflussen. Sie lassen sich nämlich mitunter nur schwer ändern. Millionär werden in sieben Jahren? Sofortiger Umzug in den Süden? Eine gute Ausbildung? Strahlende Gesundheit? Alles leichter gesagt, als getan.

Die innere Einstellung zu verändern, ist zwar auch nicht einfach, aber immerhin hat man es selbst in der Hand, ob man seine Innenwelt verbessern will oder nicht. Die äußeren Umstände hängen dagegen wesentlich stärker vom Zufall ab.

Seligman berichtet, dass Verheiratete und Menschen mit einem erfüllten, geselligen Leben im Allgemeinen wesentlich glücklicher sind als die anderen. Nur weiß man bisher nicht, was Ursache und Wirkung ist. Heiraten glückliche Menschen eher als unglückliche oder macht die Ehe sie glücklich? Sind die Glücklichen geselliger oder machen Freundschaften glücklich? Diese Fragen sind noch offen.

Auch religiöse Menschen sind häufiger zufrieden. Allerdings hat dies eindeutig mit der inneren Einstellung zu tun. Menschen, die an einen liebenden Gott glauben sowie an das Paradies und eine überirdische Gerechtigkeit, sehen die Zukunft, auch über den Tod hinaus, hoffnungsvoller und sind gegen Angst und Verzweiflung besser geschützt.

Wenn es also vor allem innere Faktoren sind, die darüber

entscheiden, ob man glücklich oder unglücklich ist, dann sollte man sich näher mit ihnen beschäftigen. Das wollen wir gleich tun.

Schöne Erinnerungen

Ihr innerer Miesmacher wird immer wieder versuchen, Sie unzufrieden zu machen. Zu diesem Zweck benutzt er die Vergangenheit. Er redet Ihnen ein, dass Ihre Kindheit und Ihre Vergangenheit für alle gegenwärtigen Übel verantwortlich sind. Wenn Sie ihm das glauben, sitzen Sie in der Klemme; denn Sie können weder die Kindheit noch überhaupt die Vergangenheit ändern. Dass Ihr innerer Miesmacher am Werk ist, erkennen Sie daran, dass Sie sich schlecht fühlen und nicht das tun, was nötig wäre, um Verbesserungen in Ihrem Leben zu erreichen. Höchste Zeit, sich mit Ihrem inneren Freund in Verbindung zu setzen! Er hilft Ihnen dabei, Ihre Vergangenheit im richtigen Licht zu sehen:

- Kindheit und Vergangenheit werden oft überbewertet. Sie spielen zwar eine bedeutsame Rolle in Ihrem Leben, aber viel wichtiger ist, welche Entscheidungen Sie heute treffen und wie Sie Ihre Zukunft planen. Ihre Vergangenheit bestimmt Ihre Zukunft nur dann, wenn Sie es zulassen.
- Was heißt überhaupt Vergangenheit? Ihr innerer Miesmacher ruft nur die früheren Übel in Ihnen wach und spielt das Gute herunter. Kehren Sie dies um: Erinnern Sie sich vor allem an das Schöne, das Sie erlebt haben, und bagatellisieren Sie das Schlechte.

- Jeder kann sein Leben so oder so erzählen, entweder als eine Kette unglückseliger Umstände oder als eine Folge schöner Ereignisse. Wie sehen Sie Ihre Vergangenheit? Fallen Ihnen sofort negative oder positive Erinnerungen ein? Als Übung könnten Sie sich selbst einmal Ihr Leben von der Geburt bis heute erzählen, und zwar als eine geglückte Geschichte, so ähnlich wie im Märchen. Wie Sie wissen, ereignen sich darin schlimme Dinge, aber im entscheidenden Moment gelingt es dem Helden oder der Heldin immer wieder, die Ungeheuer zu besiegen. Manchmal wird er/sie auch durch freundliche Wesen gerettet. Märchen schildern einerseits große Abenteuer, andererseits wunderbare Zeiten, in denen die Helden im Schlaraffenland leben und alle erdenklichen Freuden erleben.
- Bauen Sie die vorangegangene Übung weiter aus: Erzählen Sie sich und anderen positive Geschichten über sich, andere Menschen und die Welt. Das heißt nicht, dass Sie nicht mehr über bedrückende Erlebnisse sprechen dürfen. Aber achten Sie darauf, dass das, was Sie sich selbst und anderen berichten, auch viele schöne Erfahrungen beinhaltet.
- Manche ärgern sich noch heute über Vorkommnisse, die bereits Monate, Jahre oder Jahrzehnte zurückliegen. Falls Sie zu diesen Menschen zählen – und fast jedem ergeht es irgendwann im Leben so –, dann lernen Sie, Ihren Ärger loszulassen.

  Lernen Sie, zu vergeben und vergessen. Machen wir uns nichts vor: Wir sind nicht perfekt. Andere sind es auch nicht. Die ganze Welt ist durch und durch unvollkommen.

Wir werden unseres Lebens nur froh, wenn wir es schaffen, uns selbst, unseren Mitmenschen und den Dingen um uns herum zu erlauben, unvollkommen zu sein. Unsere grandiosen Erwartungen erfüllen sich nur ausnahmsweise. Aber das macht nichts. Die Welt funktioniert trotzdem. Wir können auch dann glücklich sein, wenn eigentlich nichts perfekt ist.

Menschen und ganze Völker machen sich unglücklich, indem sie nicht vergeben und vergessen können. Anstatt sich auf eine bessere Zukunft zu konzentrieren und alles zu tun, damit sie es einmal besser haben, vergeuden sie ihre Zeit, indem sie die Vergangenheit beklagen und immer wieder aufs Neue durchleben. Wem nützt das? Was hilft das?

Bei einer Studie wurde festgestellt, dass eine Gruppe, die jeden Abend fünf positive Ereignisse des Tages aufschrieb, nach nur 14 Tagen glücklicher und zufriedener war als die Vergleichsgruppe, die das nicht tat.

Probieren Sie es aus. Legen Sie ein kleines Tagebuch schöner Erlebnisse an. Notieren Sie abends fünf Dinge, über die Sie sich während des Tages gefreut haben. Falls Sie kein Freund schriftlicher Aufzeichnungen sind, können Sie abends vor dem Einschlafen an einer Hand die Erlebnisse abzählen, für die Sie von Herzen dankbar sind.

Wenn man sich ärgert, kann es passieren, dass man sich so in den Ärger hineinsteigert, dass man verallgemeinernd meint, man sei sein ganzes Leben lang ausschließlich von Vollidioten umgeben. Wenn Ihnen das passiert, entspannen Sie sich. Denken Sie an Menschen, die Ihnen im Leben weitergeholfen haben. Wir stehen alle, bildlich gesprochen, auf den Schultern von anderen. Ohne FreundInnen, gute LehrerInnen und andere FörderInnen hätten wir es nicht geschafft. Niemand ist gänzlich unabhängig. Leider vergessen wir das häufig. Deshalb gehören zu den schönen Erinnerungen auch unsere Freunde und Helfer, wer immer das war und ist.

Das Hier und Jetzt positiv erleben

Worauf lenkt der innere Freund Ihre Aufmerksamkeit? Auf alles, was Ihr Leben, Ihre Gesundheit, Ihre Freundschaften und Ihr Glück fördert. Gutes gilt es nicht nur in der Vergangenheit, sondern auch in der Gegenwart zu entdecken.

Wozu haben wir fünf Sinne? Jedenfalls nicht, um nur schlechte Erfahrungen zu machen. Nein, wir können Augen, Ohren, Gefühl, Nase und Mund nutzen, um das Hier und Jetzt positiv zu erleben. Es existieren so viele schöne Dinge, die es anzuschauen lohnt, Musik, Vogelgezwitscher, angenehme Stimmen, die den Ohren schmeicheln, Bewegung, warmes oder kaltes Wasser, Hautlotionen, Berührungen, die einem ein gutes Gefühl geben, Aromen und Düfte, die der Nase gefallen, und zahllose Getränke und Appetithäppchen, die ein Genuss für den Gaumen sind.

Allerdings muss man sich Zeit für diese sinnlichen Freuden nehmen. Sonst können sie sich nicht entfalten. Um das Aroma eines guten Tees zu genießen, schließt man am besten die Augen und taucht ganz in den Duft und Geschmack dieser Köstlichkeit ein. Selbst ein Coffee-to-go kann die Gegenwart angenehmer machen. Wenn man ihn allerdings an einer viel befahrenen Straße, mitten im Lärm der Autos und Baumaschinen achtlos in aller Eile »hinunterkippt«, wozu diese Art des Angebots verleitet, wird man kaum etwas davon haben.

Diejenigen, die das Glück haben, z. B. bei angenehmen Sommertemperaturen in einem Garten voller wunderbarer Blumen sich einem Stück Obstkuchen mit Sahne hingeben zu können, sollten sich beglückwünschen. Indem man Erlebnisse wie dieses auskostet und voll in sich aufnimmt, wird das Leben angenehm und erfreulich.

Es geht aber nicht nur um sinnliche Genüsse. Diese sind schnell wieder vorbei. Außerdem braucht man dabei Abwechslung, weil die Sinne schnell ermüden und stumpf werden. Auf Dauer sind daher Tätigkeiten befriedigender, deren Reiz darin besteht, dass sie die eigenen Fähigkeiten, Kenntnisse und Erfahrungen herausfordern. Aktivitäten, die eher einem mittel- oder langfristigen Ziel dienen und in die man sich für lange Zeit und stets aufs Neue vertiefen kann, weil sie so anspruchsvoll sind, dass sie nicht gelingen, wenn man sich nicht 100%ig konzentriert. Nach einiger Zeit blickt man auf, glaubt, dass eine halbe Stunde vergangen ist, und stellt erstaunt fest, dass es schon Abend geworden ist.

Schnelle Belohnungen sind in diesem Fall nicht gefragt. Der Spaß wäre dann gleich wieder vorbei. Solche Zeiten des selbstvergessenen Tuns erleben Kinder beim Spielen, Erwachsene bei einer befriedigenden Arbeit, die dann ebenfalls einen spielerischen Charakter bekommt.

Jede handwerkliche, intellektuelle oder soziale Tätigkeit kann diesen Zweck erfüllen, solange sie nur den eigenen Vorlieben und Fähigkeiten entspricht. Entscheidend ist nämlich die innere Einstellung. Man muss bereit sein, sich auf die Aufgabe vollkommen einzulassen. Das geht nur, wenn man sie selber auswählt oder jedenfalls als eigene betrachtet. Ist sie einem völlig egal oder empfindet man sogar einen Widerwillen gegen sie, kann sich bei der Arbeit keine Befriedigung einstellen. Die Zeit ist dann verschenkt.

Die volle Konzentration auf eine Sache hat zur Folge, dass man sich selbst vergisst. Man hat gar keine Zeit, darüber nachzugrübeln, wie es einem nun eigentlich geht. Erst in den Pausen kann man die Arbeit und das eigene Befinden bewerten. Sofern man den Eindruck hat, etwas Gutes geschafft zu haben, wird man zufrieden sein. Aber selbst wenn man meint, nicht vorangekommen zu sein, kann dies ein Anreiz sein, sich mit der Sache weiter zu beschäftigen. Es ist wie bei einem guten Spiel. Dass nicht immer alles gelingt, ist ein Teil des Spiels und erhöht den Reiz, sich weiter damit auseinanderzusetzen.

Hier sind die »Spielregeln« dazu:

- Setzen Sie sich reizvolle Ziele und legen Sie sich ins Zeug, um diese auch tatsächlich zu erreichen.
- Suchen Sie sich Aufgaben, die Sie gerne erledigen.
- Wechseln Sie den Arbeitsplatz oder vielleicht sogar Ihren Beruf, wenn die dort ausgeübten Tätigkeiten Sie langweilen.
- Suchen Sie nach Antworten auf Fragen, die Sie interessieren, beispielsweise im Bereich Kunst, Politik, Gesellschaft oder Psychologie.
- Lernen Sie jeden Tag etwas Neues.
- Achten Sie bei alldem darauf, dass Sie sich weder über- noch unterfordern.

Dann wird die Gegenwart für Sie interessant und befriedigend.

Zukunftsträume

Man kann sein Leben so oder so erzählen, entweder schlechte oder gute Erlebnisse aneinanderreihen. Das trifft auf die Vergangenheit zu. Auf die Zukunft trifft es genauso zu. Man kann sich Schlechtes ausmalen – das ist die Spezialdisziplin des inneren Pessimisten – oder von einer wunderbaren Zukunft träumen. Dafür ist der innere Freund zuständig.

Der innere Pessimist will Ihnen einreden, dass das Gute in Ihrem Leben vergehen und nur das Schlechte bleiben wird. Er wird außerdem versuchen, Sie glauben zu machen, dass alles Positive die Ausnahme sei. Es komme nur vereinzelt vor, nur für kurze Zeit und nur an wenigen Orten. Das Negative dagegen sei viel weiter verbreitet. Es existiere immer und überall. Das sind wirklich trübe Aussichten, nicht wahr?

Glücklicherweise ist das nur die Meinung Ihres inneren Pessimisten und nicht die Wahrheit. Ihr innerer Freund ist Optimist. Er rückt die Dinge wieder zurecht. Für ihn findet man das Gute an jedem Ort und zu jeder Zeit, während die üblen Dinge zeitlich und örtlich begrenzt sind. Alles Schlechte geht wieder vorüber, während das Gute bleibt.

Ihr innerer Freund hilft Ihnen, dem inneren Pessimisten zu widersprechen. Gibt es für die pessimistischen Zukunftsaussichten Beweise? Nein, es sind alles nur Vermutungen. Negative Erscheinungen werden einfach hochgerechnet, obwohl keiner die weitere Entwicklung kennt. Alles in der Zukunft ist offen. Alles kann sich zum Positiven ändern. Nichts muss so bleiben, wie es ist. Was im Augenblick schlecht ist, kann auch wieder besser werden.

Passen Sie auf, dass Sie nicht auf negative Zukunftsprognosen Ihres inneren Pessimisten hereinfallen. Zwar ist alles möglich, auch das Schlechte. Aber ist es wahrscheinlich? Schätzen Sie auf einer Skala von 1 bis 10 ein, für wie wahrscheinlich Sie eine negative Entwicklung halten. 1 bedeutet ausgeschlossen, 10 mit absoluter Sicherheit.

Verlangen Sie von Ihrem inneren Pessimisten sichere Beweise. Es wird ihm nicht möglich sein, welche vorzulegen; denn niemand kennt die Zukunft. Sagen Sie ihm, dass sich alles ändern kann, auch zum Positiven. Führen Sie Beispiele aus Ihrem Leben an, wo es Ihnen gelungen ist, Dinge zum Positiven zu wenden. Falls Ihnen mal keine Gegenargumente einfallen, können Sie sich immer noch auf den glücklichen Zufall berufen. Oft ändern sich die Dinge überraschend zum Guten. Oder zitieren Sie Oscar Wilde: »Ich glaube nicht an Wunder. Ich habe zu viele gesehen.«

Lassen Sie sich von Ihrem inneren Freund angenehme Geschichten erzählen über sich, andere, die Welt, über die Vergangenheit, die Gegenwart und Zukunft.

Und was ist, wenn Sie 98 Jahre alt sind? Was ist dann mit Ihren Zukunftsaussichten? Okay, wenn Sie 98 sind, werden Sie die nächsten 25 Jahre nicht überleben. Na und? Lassen Sie sich Ihre Träume durch den Tod nicht begrenzen. Malen Sie sich trotzdem eine positive Zukunft aus. Wer weiß, vielleicht gibt es ein Leben nach dem Tod. Vielleicht geht es irgendwie weiter. Wollen Sie in diesem Fall mit leeren Händen, also ohne Zukunftspläne, dastehen? Das könnte ein böses Erwachen werden. Also setzen Sie nochmals Ihre rosarote Brille auf und lassen Sie Ihrer Phantasie freien Lauf. Wie sieht für Sie das Paradies aus? Wie geht es für Sie weiter, falls es weitergeht?

Wie die Freundschaft mit sich selbst beginnt

Jetzt aber wieder im Sturzflug zurück in die Gegenwart. Wir müssen noch klären, wie man mit sich selbst Freundschaft schließt, wie sie überhaupt beginnt.

Eine Freundschaft beginnt damit, dass man sich kennenlernt. Auch die Selbstliebe fängt mit dem Kennenlernen an. Deshalb meine Frage: Wie gut kennen Sie sich selbst?

Selbsterkenntnis ist keine einfache Sache. Sonst hätte am Tempel von Delphi der Überlieferung zufolge nicht gestanden: Erkenne dich selbst. Paradoxerweise ist das Kennenlernen der eigenen Person so schwer, weil man sich selbst so nah ist. Was man aus einiger Entfernung beobachten kann, erkennt man deutlicher als das, was man direkt vor der Nase hat.

Um sich selbst überhaupt sehen zu können, braucht man einen Spiegel. Möchte man die eigenen Augen betrachten, reicht noch ein Taschenspiegel. Für den Blick auf die Figur ist schon ein Kleiderspiegel nötig. Das sind aber reine Äußerlichkeiten. Will man die ganze Persönlichkeit ins Blickfeld bekommen, braucht man andere Menschen und das Umfeld, in dem man sich aufhält. Jeder »spiegelt« sich in den anderen und in seiner Umgebung.

Wenn Sie wissen wollen, wer Sie sind, können Sie die anderen fragen. Aber Vorsicht! Menschen sind auch nicht präziser als Kleiderspiegel. Einige Spiegel geben Sie so wieder, wie Sie sind, ohne etwas wegzulassen oder hinzuzufügen. Es gibt aber auch Spiegel mit blinden Flecken, die Teile von Ihnen nicht reflektieren können. Und wenn Sie auf den Jahrmarkt gehen, finden Sie dort Spiegelkabinette, in denen jeder Spiegel Sie auf andere Weise völlig verzerrt wiedergibt.

Genauso ist es, wenn andere sich ein Bild von Ihnen machen. Einige spiegeln Sie so, wie Sie sind. Was einige aus Ihnen machen, ist jedoch ein Witz. Sie könnten darüber lauthals lachen wie im Spiegelkabinett auf dem Jahrmarkt. Leider ist Ihnen das nicht immer klar. Sie glauben allzu leicht, die anderen hätten wohl Recht. Und dann laufen Sie herum wie jemand, der Zerrspiegel ernst nimmt.

Die anderen, die Sie spiegeln, haben ebenfalls »blinde Flecken«. Jeder sieht nur Teile von Ihnen. Zum einen liegt das daran, dass Sie den Einzelnen nur ein Stück von sich zeigen (mal mehr, mal weniger), zum anderen aber auch daran, dass die Sie umgebenden Menschen nur wahrnehmen, was sie sehen wollen und können.

Ein schwieriger Prozess! Trotzdem kann man auf Spiegel nicht verzichten, nicht auf Kleiderspiegel und nicht auf andere Menschen, um ein Bild von sich zu bekommen.

Ein weiteres Mittel zur Selbsterkenntnis sind die Umgebungen, in denen man seine Zeit verbringt. Wenn jemand sich viel in Kaufhäusern aufhält, aber nie in Museen, dann sagt das etwas über diese Person. Sie interessiert sich mehr für Kaufhauswaren als für Kunst. Egal, ob sich ein Mensch häufig in Wäldern, Bars, Kinos, Buchläden, Einkaufspassagen, Büros, Ställen oder Gewächshäusern aufhält, es spiegelt seine Interessen, Bedürfnisse, Vorlieben und Abneigungen wider.

Am besten können Sie sich kennenlernen, wenn Sie Ihre Wohnung betrachten. Wie sieht Ihre Wohnung aus? Was drückt sie über Sie aus? Zum Beispiel: Ist Ihre Wohnung aufgeräumt oder unaufgeräumt? Wenn sie eher unaufgeräumt ist, was sagt das Ihrer Meinung nach über Sie? Sind Sie kreativ, chaotisch, genial, schlampig oder einfach auf ungewöhnliche Weise organisiert? Das Bild, das Sie von sich in Ihrer Wohnung zeigen, ist deutlich, aber nicht eindeutig. Wer mehr Anzüge im Schrank als Bücher im Regel hat, interessiert sich wahrscheinlich nicht fürs Lesen. Das kann aber auch täuschen. Vielleicht leiht dieser Mensch Bücher in der Bibliothek oder bei Freunden. Umgekehrt könnte ein eigenes Bibliothekszimmer nur aus Prestigegründen eingerichtet sein und nicht zum Lesen. Oder diese Person ist ein Sammler und kein Leser.

Durch andere Menschen und durch Ihre Umgebung können Sie sich also kennenlernen. Sie müssen die anderen nur fragen und sich überlegen, was Ihre Wohnung, Ihr Arbeitsplatz und so weiter über Sie aussagen. Aber bedenken Sie: Erstens erhalten Sie auf diese Weise nur eine Momentaufnahme. Wenn Sie sich ändern, ändert sich auch Ihre Umgebung. Zweitens sollten Sie die so gewonnene Selbsterkenntnis immer gelassen aufnehmen und sich nicht verurteilen. Selbsterkenntnis ist bekanntlich der erste Schritt zur Besserung.

Der zweite Schritt zur Freundschaft mit sich selbst heißt Verständnis und Anerkennung. Sie können niemandem ein guter Freund sein, wenn Sie die andere Person weder verstehen noch respektieren. Genauso wenig können Sie sich selbst ein guter Freund sein, wenn Sie sich nicht verstehen und akzeptieren. Wichtiger noch als Verständnis ist Akzeptanz. So wie man andere oft nicht versteht, weiß man auch bei sich selbst nicht immer (schon gar nicht im Rückblick), warum man dieses oder jenes gemacht oder unterlassen hat. Will man sich selbst ein guter Freund sein, muss man bereit sein, alles, was man an sich erkennt, zu akzeptieren: seinen Körper, seine Gedanken, seine Gefühle und sein Verhalten. Es mag einem gefallen oder nicht. Es ist, wie es ist. Manches lässt sich ändern, anderes nicht. Auf jeden Fall wird man es um der Freundschaft willen akzeptieren müssen. Wertet man Teile von sich ab, mindert das die Freundschaft.

Es mag schwer sein, sich in allem zu akzeptieren, aber es ist möglich. Akzeptanz ist eine Frage der Einstellung, mit anderen Worten: eine Frage der Gedanken, die Sie wählen. Versuchen Sie es einmal mit: »Ich mag mich, auch wenn ich …« (hier setzen Sie ein, was Sie als Ihre Mängel ansehen). Falls es Ihnen Schwierigkeiten bereitet, diese Aussage zu glauben, können Sie hinzufügen: »Ich mag mich, auch wenn ich diesen Satz nicht glaube.«

Sich, andere und die Welt in ihrer Unvollkommenheit anzunehmen, ist wahrscheinlich die größte Aufgabe, die jeder bei seiner Geburt mitbekommt. Eine Zeit lang mag man sich dem Irrtum hingeben, dass irgendwann alles so werden wird, wie man es sich erträumt. Aber schließlich erkennt man, dass die Unvollkommenheit der Menschen und Dinge unabänderlich ist. Während sich vieles verbessert, verschlechtert sich gleichzeitig anderes, sodass die Summe des nicht Perfekten in etwa gleich bleibt. Die einzige Möglichkeit, Frieden mit sich, seinen Mitmenschen und der Welt zu schließen, besteht letztlich darin, dies alles trotz der offensichtlichen Mängel zu lieben. Wenn einem das gelingt, hat man die Struktur des Ganzen verstanden.

Wie könnte es anders sein? Alles ist in Entwicklung. Alles lässt sich weiter verbessern. Das bedeutet aber auch, dass es niemals vollkommen sein wird. Wachstum und Veränderung schließen Perfektion aus.

Im Grunde genommen kann man froh darüber sein. Sonst hätte man nichts mehr zu tun und würde sich wahrscheinlich langweilen. Und für die kommenden Generationen müssen schließlich ein paar Aufgaben übrig bleiben; denn die werden nicht bloß eine perfekte Welt bestaunen, sondern auch noch etwas entdecken und verbessern wollen.

Im Übrigen ist Unvollkommenheit keine Tatsache, sondern eine Bewertung. Man hält für unvollkommen, was von den eigenen idealen Vorstellungen abweicht. Das Problem dabei ist, dass wir alle mit unterschiedlichen Idealen herumlaufen. Was mir perfekt erscheint, wird Ihnen vielleicht gar nicht gefallen, und umgekehrt. Jeder hat andere Vorstellungen von einer vollkommenen Welt. Wer immer oder was immer diese Welt geschaffen hat, er/sie/es konnte es nicht allen recht machen. Deshalb ist die Welt, wie sie ist, und jeder hadert ein bisschen mit ihr. Für jeden ist sie auf andere Weise unvollkommen. Der eine braucht dringend das, was den anderen stört. Gäbe es keine Kranken, was würde aus den Ärzten? Die Bäcker wären ohne Hungrige arbeitslos. Ohne Kriminelle bräuchte man keine Polizei. Falls Sie das wunderbar fänden, sind Sie bestimmt kein Polizist!

Während einer Ausbildung in der Schulverwaltung traf ich einmal eine sehr bemerkenswerte Schulrätin. Sie hatte die Theorie, dass jeder Lehrer und jede Lehrerin eine Macke habe. Bei den meisten sei schnell offenkundig, welche. Menschliche Eigenarten, auch absonderliche, empfand sie als normal. Ich war beeindruckt. Diese Frau schien mir einen sehr gesunden Standpunkt zu haben. Sie machte ihre Arbeit, ohne zu glauben, die perfekte Schule realisieren zu können.

Beinahe jeder versucht, vor seinen Mitmenschen wirkliche oder eingebildete Mängel zu verbergen. Das kostet viel Kraft und auf Dauer gelingt es sowieso nicht. Wie entspannend wäre es, wenn man sich selbst und den anderen zugestehen würde, unvollkommen zu sein. Wenn Sie wollen, können Sie heute noch damit bei sich selbst beginnen. Fangen Sie an, Ihre Macken wenn nicht zu lieben, so doch zu akzeptieren. Nehmen Sie es mit Gelassenheit, dass Sie nicht perfekt sind und es auch niemals sein werden. Diese entspannte Einstellung könnte der Beginn einer wunderbaren Freundschaft sein.

Drei Fehler, die es zu vermeiden gilt

Eines der problematischsten Wörter überhaupt ist das Wort »müssen«. Solange man es konditional gebraucht, ist noch alles in Ordnung. Dazu zwei simple Beispiele: »Wenn man saubere Schuhe haben will, muss man sie putzen.« Dieser Satz bringt eine einfache Wahrheit zum Ausdruck. Schuhe werden durch Regen, Sand und Staub mit der Zeit schmutzig. Will man trotzdem saubere Schuhe haben, führt kein Weg daran vorbei, sie zu reinigen und neuen Glanz aufzutragen. – »Wenn man in der Schule gute Noten haben will, muss man lernen.« Das bekommen Kinder von ihren Eltern immer wieder gesagt, besonders wenn sie keine Lust haben, ihre Hausaufgaben zu machen. Der Zusammenhang ist klar: ohne Lernen keine guten Zensuren.

Will man diese Sätze verneinen, muss man auf »nicht dürfen« zurückgreifen. Man sagt nicht: »Wenn man saubere Schuhe haben will, muss man nicht durch Schlamm gehen«, sondern: »darf man nicht durch Schlamm gehen«. – So weit, so gut.

Nun gibt es aber noch einen anderen Gebrauch des Wortes »müssen«, nämlich das absolute »Müssen«: »Ich MUSS bei allen beliebt sein«, »Ich MUSS immer erfolgreich sein.« Wie Sie sehen, ist es ein sehr lautes, nachdrückliches, unbedingtes MÜSSEN. Warum sind diese absoluten Forderungen von Nachteil? Um es salopp zu sagen: Die Welt wird uns etwas husten. Sie denkt überhaupt nicht daran, uns solche absoluten Forderungen zu erfüllen, sondern beweist uns immer wieder, dass uns nicht alle lieben und wir nicht immer erfolgreich sein werden. Dann sitzen wir mit unseren unbedingten Forderungen da und fangen an, uns zu ärgern, zu ängstigen und zu deprimieren: »Denen werde ich es zeigen!« – »Was soll bloß aus mir werden?« – »Das kann ich nicht ertragen.«

Dasselbe passiert, wenn man »nicht dürfen« in diesem Stil benutzt: »Ich DARF KEINE Fehler machen«, »Die anderen DÜRFEN mir NICHT widersprechen.« Es ist nur eine Frage der Zeit, bis man (wieder) einen Fehler macht und irgendjemand einem widerspricht. Dann ist der Ärger, die Angst oder die Frustration groß.

Die unrealistische Haltung, die hinter dem MÜSSEN und NICHT DÜRFEN steht, beschert einem jede Menge emotionale Probleme. Es ist wünschenswert, keine Fehler zu machen, aber wirklichkeitsfremd, darauf zu bestehen.

Für den inneren Diktator und die innere Diktatorin ist MÜSSEN die Lieblingsvokabel. Die Vorstellung, dass alles nach dem eigenen Willen zu geschehen hat, ist unglaublich verlockend. Wie schön wäre es doch, wenn man die Welt Gott gleich regieren könnte. Alle Wünsche würden sich wie im Märchen erfüllen. Von diesem Kindertraum ist es nur ein kleiner, aber gefährlicher Schritt bis zur Forderung: Ich MUSS, die anderen DÜRFEN NICHT, die Welt MUSS – basta!

Der innere Freund dagegen vermeidet diese drei Denkfehler. Er verlangt von Ihnen nicht, dass Sie irgendetwas unbedingt haben müssen, sein müssen oder machen müssen. Auch den anderen Menschen schreibt er nicht absolut vor, was sie zu tun oder zu lassen haben. Und schließlich lässt er die Welt in Ruhe. Sie muss ihm nicht alle Wünsche erfüllen. Er kann damit leben, ohne sich unaufhörlich zu ärgern, zu ängstigen oder zu deprimieren.

Die Stimme des inneren Freundes hört sich anders an als die des inneren Diktators: »Ich würde es vorziehen, wenn ich …« (z. B. nie Fehler machen würde). »Ich fände es prima, wenn die anderen …« (z. B. tun würden, was ich mir wünsche). »Wie schön wäre, wenn meine Umwelt …« (z. B. meinen Vorlieben entspräche). »Aber falls es anders kommt, als ich es bevorzuge, bin ich bereit, mich darauf einzustellen und andere Wege zu meinem Glück zu suchen.« Dann ist man wegen der missliebigen Vorkommnisse vielleicht gelegentlich ein bisschen irritiert, aber nicht in Rage, möglicherweise ein bisschen traurig, verfällt aber nicht in Depressionen, ist zuweilen ein bisschen beunruhigt, aber nicht in Panik.

Das herrschsüchtige MÜSSEN macht einen anfällig für emotionale Turbulenzen. Indem man darauf verzichtet, glätten sich die inneren Wogen. Man ist ausgeglichener und auf dem besten Weg, sich und anderen ein guter Freund zu sein.

Der innere Freund in der Not

Besonders in schwierigen Zeiten ist es wichtig, jemanden an der Seite zu haben, der zu einem hält. In Krisen kann man am besten erkennen, wer ein echter Freund ist und wer nicht. Solange alles gut geht, kann jeder so tun, als ob der andere ihm etwas bedeute. Der wahre Test für eine Freundschaft kommt, wenn es schwierig wird. Dann erst entscheidet sich, mit wem man durch dick und dünn gehen kann.

Es ist schon schlimm genug, dass mancher Freund sich in Krisenzeiten rar macht. Viel schlimmer ist es aber, wenn man sich in der Not selbst im Stich lässt. Leider passiert es dann oft, dass Menschen sich selbst Vorwürfe machen oder auf andere Weise das Leben erschweren.

Nehmen wir einmal an, jemand sei längere Zeit arbeitslos. Im Allgemeinen gilt dies als schweres Schicksal. Bei Untersuchungen hat sich jedoch herausgestellt, dass die Situation der Arbeitslosen stark davon abhängt, wie die Menschen in ihrer Umgebung darauf reagieren. Sind die anderen verständnisvoll, verzichten sie auf Kritik, dann sind selbst Zeiten von Arbeitslosigkeit durchaus erträglich. Man müsste nur noch ergänzen, dass derjenige, der arbeitslos ist, auf Selbstvorwürfe verzichten muss. Wenn er sich selbst ein Freund ist, kommt er weitgehend unbeschadet durch diese und andere Notzeiten.

In Deutschland wie in vielen anderen Ländern wird Arbeitslosigkeit als individuelles Schicksal angesehen, an dem der Einzelne schuld sei. Wer so denkt, übersieht leider, dass wir gerade einen grundlegenden technischen Wandel vollziehen. Die Computer haben die Fabriken, Büros und privaten Haushalte erobert. Dadurch wurde eine Arbeitsersparnis möglich, von der frühere Generationen nur träumen konnten und die sie immer als paradiesisch herbeigesehnt haben.

Aber nicht nur die Computer, auch andere Maschinen werden immer leistungsfähiger. Vor ein paar Jahren konnte ich beobachten, wie unsere Straße neu geteert wurde. Das Ganze dauerte knapp einen Tag und beschäftigte drei Arbeiter. Eine riesige Maschine legte den neuen Asphalt wie einen Teppich auf die Fahrbahn, während ein Arbeiter dieses technische Wunderwerk fuhr und zwei andere die Ränder der Teerschicht glätteten. Ab und zu befüllte ein Lastwagen mit neuem Asphaltgranulat die Straßenbaumaschine. Das war alles. Früher wären Dutzende Arbeiter tagelang damit beschäftigt gewesen. Nur die drei sind noch übrig geblieben. Die anderen sind heute arbeitslos.

Viele Politiker haben noch nicht verstanden, was der technische Fortschritt für die Beschäftigung und die Einkommen der Menschen bedeutet. Die Situation ist insofern widersinnig, als die »Beschäftigungskrise« eigentlich positiv zu bewerten ist, weil sie die Befreiung von schwerer, gesundheitsschädlicher Arbeit erlaubt. Anstatt die sich daraus ergebenden Chancen zu nutzen, wird die Lage bisher nur als Krise gesehen.

Aus dieser Not kommen wir gemeinsam nur heraus, wenn wir entweder die arbeitssparenden Maschinen wie Computer, Industrieroboter, Erntemaschinen und so weiter wieder abschaffen oder die Arbeit und das Einkommen neu verteilen. Sich selbst oder anderen angesichts des technischen Fortschritts Vorwürfe zu machen, ist fehl am Platz. Autoren wie Jeremy Rifkin (›Das Ende der Arbeit‹) machen es einem leicht, sich ein Bild von der neuen Beschäftigungssituation zu machen. Mit diesen Informationen kann man die technische Revolution und die sich daraus ergebenden Konsequenzen besser beurteilen. Dann erkennt man, dass die hohe Arbeitslosigkeit vor allem die Folge der gestiegenen Produktivität ist und kein Fehlverhalten Einzelner.

Ich weiß, dass dieses Thema viele Wenn und Aber hat, habe selber jedoch noch ein gewichtiges Argument. In Deutschland sind ca. vier Millionen Arbeitslose registriert (Stand: Januar 2008). ABER dieser Zahl stehen nicht vier Millionen offene Arbeitsplätze gegenüber. Das behauptet niemand. Dann kann Arbeitslosigkeit zwar in Einzelfällen ein selbst verschuldetes Problem sein, nicht jedoch in der Masse der Fälle. Daraus ziehe ich – wie viele andere – den Schluss, dass es sich um ein gesellschaftliches Problem handelt, für das es auch nur eine gesellschaftliche (und keine individuelle) Lösung geben kann.

Wie würde ein Freund in Kenntnis der gesellschaftlichen Realität also mit einem Arbeitslosen sprechen? Würde er ihn als »faulen Sack« beschimpfen? Ihm sagen, dass er selbst schuld sei, wenn er keine Arbeit finde? Würde er ihm die Hölle heißmachen? Sicher nicht! Ein Freund würde die Situation verstehen und dem Arbeitslosen erst einmal helfen, die Gegenwart besser zu ertragen. Wenn eine echte Chance besteht, würde er ihn ermutigen, eine neue Beschäftigung zu suchen, jedoch ohne ihm Vorwürfe zu machen, wenn er zunächst oder auf Dauer nichts findet.

Arbeitslosigkeit ist hier nur ein Beispiel für mögliche Not. Zahlreiche andere missliche Situationen sind denkbar: Liebeskummer, Krankheit, Unfall, Scheidung, persönliche Verluste, finanzieller Ruin, Pechsträhnen und so weiter.

Solche Prüfungen lassen sich leichter bewältigen, wenn man wie ein Freund mit sich spricht. Was würde er sagen, um einen zu beruhigen, zu trösten und wieder zu ermutigen?

Stopp! Im Namen der Liebe!

Die Stimme der Selbstliebe zu entwickeln, ist für einen freundlichen Umgang mit sich selbst unverzichtbar. Ebenso wichtig ist es, dass man erkennen kann, wann der innere Freund abwesend ist und der innere Kritiker seine Stelle eingenommen hat. Zum inneren Kritiker gesellen sich gerne der innere Panikmacher, der innere Diktator und andere mehr.

Sie merken es als Erstes an Ihren Gefühlen, dass der innere Kritiker das Ruder übernommen hat. Er stört Ihr Wohlbefinden. Sie verlieren Ihr Selbstvertrauen. Ihre gute Stimmung sinkt Richtung Nullpunkt. Ihr Optimismus nimmt ab. Ihre Motivation verlässt Sie.

Auch an den Gedanken ist der innere Kritiker gut zu erkennen. Mit allem, was er Ihnen sagt, versucht er Sie zu quälen, zu entmutigen, zu beunruhigen, zu deprimieren, zu demotivieren und zu schwächen. Mit allen möglichen Argumenten will er Sie von Ihren Zielen abbringen. Er redet Ihnen ein, Sie seien zu jung, zu alt, zu unerfahren, zu dumm, zu dünn, zu dick, zu krank: Der innere Kritiker findet immer etwas, womit er Sie überzeugen will, dass das, was Sie vorhaben, nicht geht. Sie sollen Angst bekommen, manchmal auch Schuldgefühle. Wenn er damit keinen Erfolg hat, versucht es statt seiner der innere Bummelant mit Verlockungen. Er bietet Ihnen süße Ausreden an: »Morgen ist auch noch ein Tag. Wozu sich so sehr anstrengen? Andere an deiner Stelle würden sich einen schönen Tag machen. Es wäre doch viel angenehmer, jetzt zu entspannen, deine Lieblings-CD zu hören, einen Film anzuschauen oder auszugehen.« An diesen Angeboten ist natürlich ein wahrer Kern. Es ist durchaus sinnvoll, Pausen zu machen und sich zu entspannen. Das Dumme ist nur, dass die Ziele in immer weitere Ferne rücken, wenn man zu viel Pause macht.

Sie können den inneren Bummelanten durchschauen, indem Sie Ihr Verhalten betrachten. Wenn Sie zu viel herumsitzen und nichts tun oder gar das Gegenteil von dem unternehmen, was Ihren Zielen dienen würde, wenn Sie keine Lust haben, obwohl Ihre Ziele eigentlich reizvoll, aber etwas mühsam zu erreichen sind, dann könnten dies Anzeichen dafür sein, dass Ihr innerer Bummelant das Ruder übernommen hat.

Was tun? Die folgenden Strategien können Ihnen helfen, jeden Ihrer inneren Saboteure zu stoppen:

- Widersprechen Sie dem, was der innere Saboteur sagt. Danach tun Sie das, was Sie sich vorgenommen haben.
- Verlangen Sie von ihm Beweise für seine Argumente. Verlangen Sie noch mehr Beweise. Wenn er keine mehr hat, sagen Sie so etwas wie: »Ist das alles? Eigentlich hatte ich mehr erwartet. Das reicht nicht.«
- Sie könnten Ihren inneren Kritiker auch mal anschreien: »Stopp! Jetzt ist aber Schluss!« Vielleicht lässt er sich einschüchtern.
- Oft bietet es sich an, ihn einfach reden zu lassen. Nehmen Sie ihn nicht so ernst. Tun Sie einfach, was Sie wollen. Letztlich zählt nur Ihr Handeln. Also ignorieren Sie ihn einfach.
- Versuchen Sie nicht, ihn ein für alle Mal loszuwerden. Er ist ein Teil von Ihnen. Deshalb ist es am besten, ihn zu akzeptieren. Er kommt ab und zu vorbei, aber wenn Sie ihm keine Aufmerksamkeit schenken, ist er so schnell wieder weg wie ein ungebetener Gast.
- Versuchen Sie genauso wenig, ihn zu bekämpfen. Das gefällt ihm. Solange Sie sich mit ihm beschäftigen, ist er zufrieden. Wenn Sie also merken, dass es nichts nützt, ihm zu widersprechen, dann wechseln Sie Ihre Strategie, indem Sie sich einfach abwenden.
- Hartnäckige innere Kritiker verweisen Sie auf bestimmte Zeiten: »Komm um 18 Uhr wieder. Dann habe ich zehn Minuten Zeit für dich.« – Seien Sie konsequent. Beschäftigen Sie sich nicht vor 18 Uhr und nicht nach 18.10 Uhr mit ihm. Vielleicht hat Ihr innerer Kritiker ausnahmsweise

eine wichtige Mitteilung. Dann kann er sie Ihnen in den zugewiesenen zehn Minuten übermitteln. Aber normalerweise wird er nichts Neues auf Lager haben.

- Last, but not least: Reden Sie lieber mit Ihrem inneren Freund.

Selbstkritik und Selbstkränkung

Der Umgang mit Fehlern ist für viele ein heikler Punkt. Sie mögen anderen nicht sagen, dass diese etwas falsch gemacht haben, und wollen selbst auch nicht kritisiert werden. Und das alles nur, weil sie gelernt haben, auf Fehler empfindlich zu reagieren. Leider: denn Fehler gehören zum Leben dazu. Keiner ist perfekt. Man kann nur lernen, wenn man Fehler machen darf. Gerade deshalb wäre der unbefangene Umgang mit Schwächen so wichtig. Was also ist schiefgegangen?

Es beginnt wie so oft in der Kindheit. Solange Kinder alles richtig machen, beachten Eltern sie normalerweise nicht. Erst wenn sie anfangen, die Wände zu bemalen oder die Badewanne überlaufen lassen, eilen sie herbei und schimpfen mit ihnen. Dabei sagen sie ihren Kindern nicht, wie sie sich in Zukunft verhalten sollen, sondern verbieten ihnen nur, dasselbe noch einmal zu tun. Für Kinder ist das zu kompliziert. Sie bekommen keine Vorstellung davon, was sie tun sollen, damit ihre Eltern zufrieden sind. »Tu dies nicht, tu das nicht« weist nur in die Richtung des unerwünschten Verhaltens.

Besser wäre es, den Kindern viel Aufmerksamkeit zu schenken, wenn sie alles richtig machen, sich mit ihnen darüber zu freuen und über Fehler, wenn möglich, hinwegzusehen.

Auch manche LehrerInnen glauben, sie müssten ausgerechnet die Fehler mit ihren SchülerInnen durchsprechen. Dabei wiederholen sie das Falsche, üben es gründlich ein, anstatt das Richtige zu betonen.

Ich erinnere mich an einen Lehrer, der sich immer wieder darüber aufregte, dass ein paar SchülerInnen einen bestimmten Übersetzungsfehler ständig wiederholten, obwohl er doch schon so oft gesagt hatte, was sie falsch machten. Wochenlang ritt er in jeder Stunde auf diesem Fehler herum, bis es für alle äußerst schwierig war, das Richtige zu erinnern. Während ich bis dahin das betreffende Wort spontan richtig übersetzt hatte, musste ich nun jedes Mal erst überlegen, was stimmte. Auch in der Schule wäre es also besser, über Fehler so weit wie möglich hinwegzusehen und lieber das Richtige hervorzuheben.

Nicht wenige machen als Kind und Schüler die Erfahrung, dass sie persönlich herabgesetzt werden, wenn sie Fehler machen. Nicht nur ihre Fehler werden kritisiert, sondern sie werden als Person angegriffen. Fast jeder ist in dieser Phase des Lebens von irgendjemandem als dumm, unbelehrbar, geistesschwach, bösartig oder niederträchtig beschimpft worden. Kein Wunder, dass später so viele Menschen auf Kritik empfindlich reagieren. Mit jedem Hinweis auf einen Fehler klingen die alten negativen Erinnerungen wieder an.

Besonders schlimm ist es, dass die Beleidigten und Gekränkten die herabsetzende Kritik verinnerlichen und später genauso mit sich reden, wenn sie etwas falsch gemacht haben. Wenn andere Fehler machen, ahmen sie die schlechten

Vorbilder nach, indem sie mehr über Mängel als über Verbesserungen reden.

Höchste Zeit also, einen anderen Umgang mit Fehlern zu lernen. Man kann mit sich selbst auch dann freundlich sprechen, wenn man etwas falsch gemacht hat.

Würdigen Sie alles, was Sie richtig machen. Jeden Tag machen Sie fast alles richtig. Es wäre schade, wenn Sie das nicht gebührend zur Kenntnis nähmen. Sonst glauben Sie zu leicht, immer alles falsch zu machen, nur weil Ihnen ab und zu ein paar Fehler unterlaufen. Trauen Sie sich ruhig, sich für die vielen Dinge, die Sie fehlerlos machen, zu loben.

Ändern Sie Ihre Einstellung zu Fehlern ganz grundsätzlich. Es ist okay, Schwächen zu haben. Ich weiß, dass es besonders schwer ist, diese Einstellung beizubehalten, wenn man einen Fehler für sehr schwerwiegend hält. Aber gerade dann kommt es auf Gelassenheit an. Kleinere Fehler kann jeder verzeihen. Aber große zu akzeptieren, das ist eine Übung für Fortgeschrittene. Sagen Sie sich in diesen Fällen, dass Menschen fehlbar sind und deshalb auch schwere Fehler machen.

Diesem freundlichen Standpunkt bleibt man auch dann treu, wenn andere versuchen, einem die Hölle heißzumachen. Entscheidend ist, was man selbst denkt. Hält man zu sich, auch wenn andere einen angreifen, dann prallt deren Kritik von einem ab. Würde jemand Ihnen weismachen wollen, dass Sie ein Känguru seien, dann käme Ihnen das lächerlich vor, weil Sie wissen, dass Sie kein Känguru sind. Nennt ein anderer Sie einen Vollidioten, dann ist das genauso albern, es sei denn, Sie hegten selbst Zweifel, ob mit Ihnen alles stimmt. Wir versuchen, unsere wunden Punkte zu schützen. Wo es keine gibt, sind wir nicht verletzbar. Deshalb ist es so wichtig, ein gutes Selbstbild zu entwickeln. Kritik, egal ob berechtigt oder unberechtigt, kann einem dann nicht viel anhaben.

Wenn Sie merken, dass Sie einen Fehler gemacht haben, denken Sie sachlich darüber nach. Was sind die Fakten? Übertreiben Sie nichts. Halten Sie Ihre Phantasie im Zaum. Und vor allem: Setzen Sie sich nicht selbst herab. Sie sind okay, auch wenn Sie Fehler machen. Sobald es Ihnen gelingt, mitsamt Ihren Schwächen ein positives Selbstbild aufrechtzuerhalten, können Sie unbefangen über alles sprechen, was Sie tatsächlich falsch gemacht haben.

Seien Sie sich stets bewusst, dass Sie als Mensch in Ordnung sind, egal, ob Sie Fehler machen oder nicht. Stellen Sie Ihr positives Selbstbild nie in Frage. Nur Ihr Verhalten und die Folgen Ihrer Fehler können, wenn es nötig ist, Gegenstand von Gesprächen sein. Tun Sie, was möglich ist, um Ihre Fehler wiedergutzumachen. Entschuldigen Sie sich, aber übertreiben Sie es damit nicht. Lernen Sie aus Ihren Fehlern. Und dann haken Sie das Thema ab.

Diese Vorgehensweise gilt für Fehler im weitesten Sinne. Auch wenn Sie glauben, Ihr Körper, Ihre Bildung, Ihre Familie oder sonst etwas Persönliches weise irgendwelche Makel auf, machen Sie sich deswegen keine Vorwürfe. Erlauben Sie sich, unvollkommen zu sein.

Sie können in diesen Fällen dieselben Mittel anwenden: alles würdigen, was in Ordnung ist, die reinen Fakten sehen, sachlich bleiben, sich wegen echter oder eingebildeter Mängel nicht herabsetzen oder beleidigen, keine ungünstigen Vergleiche anstellen, ein positives Selbstbild entwickeln und hilfreiche Gedanken wiederholen. Solange Sie sich konsequent nach diesen Empfehlungen richten, sind Sie vor (Selbst-)Kränkungen weitgehend geschützt.

Lachen und Lebenslust

Eine der besten Eigenschaften des inneren Freundes ist sein Humor. Er nimmt das Leben ernst, aber nicht zu ernst. Sein Sinn, die komische Seite der Situationen zu sehen, ist gut entwickelt.

Über Humor zu schreiben ist nicht besonders lustig. Erwarten Sie also jetzt nicht zu viel. Analytische Arbeiten über Witze zu lesen, gehört zum Langweiligsten, was es auf dieser Welt gibt. Haben Sie schon mal erlebt, dass jemand Sie gebeten hat, einen Witz zu erklären? Das führt zu nichts, jedenfalls nicht dazu, dass der andere am Ende doch noch lacht. Entweder der Groschen fällt gleich oder gar nicht.

Die folgende Geschichte ist das Beste, was mir aus einem Buch über Humor in Erinnerung geblieben ist: Zwei Komiker, beide schon sehr alt, gehen zur Beerdigung eines Kollegen. Am Schluss der Trauerfeier sagt der eine: »Ich bin 95. Wie alt bist du eigentlich?« – »93.« – »Lohnt sich gar nicht mehr, wegzugehen, was?«

Im Berliner ›Tagesspiegel‹ las ich vor einiger Zeit diese Anekdote: Auf einem Wochenmarkt sagt ein älterer Herr zum Gemüsehändler: »Ich möchte gern drei Kartoffeln. Ich lebe allein. Deshalb brauche ich nicht mehr.« Darauf der Händler: »Dann nehmen Sie doch fünf. Können Sie zwei einkellern.« Diese Pointe finde ich auch heute noch lustig.

Letzter Versuch: »Was sind denn das für Katzen?« – »Siamesen.« – »Donnerwetter, tadellos getrennt.«

Im Angesicht des Todes seinen Humor zu bewahren, auf einen Narren anderthalb zu setzen, sich über Missverständnisse schlappzulachen, über die Unvollkommenheiten dieser Welt in schallendes Gelächter auszubrechen: Das Leben bietet täglich viele Gelegenheiten, um sich lustig zu machen. Man muss nur einen Sinn dafür entwickeln. Humor ergibt sich nicht von allein. Die Situationen sind, wie sie sind. Ob man darüber Tränen lachen oder weinen will, bleibt jedem selbst überlassen.

Es ist gewiss kein Zufall, dass von »befreiendem« Lachen gesprochen wird. Manchmal kommt einem das Leben ernst und bedrückend vor. Gelingt es einem dann, eine andere Sichtweise zu finden, die zum Lachen reizt, ist das sehr befreiend.

Eigentlich haben alle Menschen einen Sinn für Humor. Es kann aber passieren, dass dieser Sinn nur schwach entwickelt oder mit der Zeit verkümmert ist. Hilfe ist möglich, indem man sich lustige Vorbilder sucht. Man kann die Gesellschaft von Menschen suchen, die gerne lachen, sich Komödien im Kino und Fernsehen anschauen und humorvolle Bücher lesen. Mit der Zeit färbt der Sinn für Humor ab. Man lernt, die Dinge von der lustigen Seite zu sehen, und entdeckt im Alltag immer mehr Situationen, die zum Lachen reizen. Aber Vorsicht! Ich kam mal aus einem Kino, wo ich einen Peter-Sellers-Film gesehen hatte. Draußen auf der Straße wirkten die ernsten Gesichter der Passanten genauso lachhaft wie das von Peter Sellers. Ich hatte größte Mühe, nicht loszuprusten.

Daneben! Über den Umgang mit Misserfolgen

Niemand mag Misserfolge. Aber man muss sie auch nicht lieben, um gelassen damit fertig zu werden. Die Misserfolge selbst sind nicht das Problem. Problematisch sind manche Reaktionen darauf.

Hält man Fehlschläge für eine Katastrophe, begibt man sich geradewegs in die emotionale Hölle: »Wie schrecklich es ist, eine Niederlage zu erleiden!« »Das ist ja furchtbar. Ich kann es nicht aushalten.« Oft entsteht dann Angst vor der nächsten Niederlage: »Das darf nie wieder passieren. Es ist zu erniedrigend. Ich könnte es nicht ertragen.« So muss man denken, um sich das Leben schwer zu machen.

Ihr innerer Freund kennt bessere Alternativen. Er weiß, dass der Weg zum Erfolg in der Regel über eine lange Reihe von Niederlagen führt. Selbst wenn sich am Ende kein Erfolg einstellt, ist das keine Katastrophe, sondern nur bedauerlich. Alle Menschen erleben so etwas. Es sind weiß Gott keine Versager, die mit Misserfolgen leben müssen, sondern Menschen wie Sie und ich. Alle, die auf dieser Erde leben, müssen lernen, Niederlagen gelassen hinzunehmen. Niemand ist immer und überall erfolgreich. Sie kennen sicher den Spruch: Glück im Geschäft, aber Pech in der Liebe. Diese Alltagsweisheit deutet darauf hin, dass sich Erfolg und Misserfolg die Waage halten. Bei den einen klappt es beruflich nicht richtig, bei den anderen privat. Oder Glücks- und Pechsträhnen wechseln einander ab: erst sieben magere Jahre, dann sieben fette Jahre.

Natürlich möchten Menschen stets das Glück auf ihrer Seite haben, sodass ihnen alles gelingt, was sie anfassen. Zu diesem Zweck tragen sie Talismane bei sich, lesen Horoskope, lassen sich die Zukunft voraussagen. Manches davon erinnert an die »abergläubischen« Tauben, die von Verhaltensforschern beobachtet wurden. Die Tauben bekamen nach dem Zufallsprinzip Getreidekörner zu fressen. Nach und nach stellten die Vögel irrtümlich Zusammenhänge zwischen ihren Bewegungen und der Futtergabe her und wollten die kommenden Futtergaben beeinflussen, indem sie wiederholten, was ihnen zuvor Getreidekörner beschert zu haben schienen. Obwohl die Futtergabe willkürlich erfolgte, führten sie nach einiger Zeit »abergläubische« Tänze auf.

Auch wir versuchen, Zusammenhänge zwischen unserem Verhalten und unseren Erfolgen herzustellen. Im Prinzip ist das auch richtig. Nur wenn man glaubt, auf diese Weise Erfolge erzwingen zu können, liegt man falsch. Die Welt ist zu komplex, als dass man alle Zusammenhänge erkennen könnte. Man kann mit Wahrscheinlichkeiten rechnen, aber Misserfolge nicht ausschalten.

Das Einzige, was gegen Misserfolge hilft, ist Gelassenheit. Gelingt es einem, sich stets zu vergegenwärtigen, dass Fehlschläge Teil des Lebens sind und auch andere diese Erfahrung machen, wird es leichter, sie anzunehmen. Man muss sie nicht lieben, aber man kann sie ertragen und daraus lernen.

Lösungen anstatt Probleme

Will jemand einen Nagel in die Wand schlagen, um ein Bild aufzuhängen, besitzt jedoch keinen Hammer, so hat er ein Problem. Befindet sich in seinem Werkzeugkasten ein Hammer, doch kann er damit nicht umgehen, hat er immer noch ein Problem.

Wer aber das richtige Werkzeug besitzt und es auch handhaben kann, schlägt mit dem Hammer einen Nagel in die Wand, hängt das Bild auf – und fertig!

Sie sehen, dass die Situation (ein Bild an der Wand aufhängen) in beiden Fällen die gleiche ist. Die unterschiedlichen Umstände und Fähigkeiten entscheiden, ob daraus ein Problem wird oder nicht.

Das Unglück will es, dass aus einem Problem manchmal gleich mehrere werden. Um bei dem Beispiel zu bleiben: Die erste Person haut sich bei dem Versuch, einen Nagel in die Wand zu schlagen, auf den Daumen. Darüber ärgert sie sich so, dass sie den Hammer in die Ecke schleudert, wo eine große Vase zu Bruch geht. Die Situation hat sich nicht zum Positiven verändert. Im Gegenteil: Diese Person ärgert sich jetzt über alle Maßen, hat Schmerzen im Daumen und die Vase ist kaputt.

Sie können sich vorstellen, wie problematisch Situationen werden können, wenn es um mehr geht als um eine kleine dekorative Veränderung in der Wohnung.

Denken Sie zum Beispiel an eine Scheidung. Dass zwei Menschen, die sich einmal geliebt haben, auseinandergehen, ist noch keine Tragödie. Viele Gründe können dazu führen, dass es nach einiger Zeit zu einer Trennung kommt.

Wenn alle Beteiligten damit angemessen umgehen, halten sich die praktischen und emotionalen Folgen in Grenzen. Was aber passiert, wenn einer oder gar beide Seiten anfangen, sich zu hassen? Dann kann aus einer Scheidung ein jahrelanger Beziehungskrieg werden.

Wie kann man vermeiden, dass aus einer Situation ein Problem wird? Mit Hilfe des inneren Freundes ist das nicht besonders schwierig. Fragen Sie ihn in problematischen Situationen um Rat, hören Sie gut zu und befolgen Sie seine Empfehlungen.

Würde er im obigen Beispiel der ungeschickten Person dazu raten, wegen des Schlags auf den Daumen in Rage zu geraten und den Hammer voller Wut in die Ecke zu werfen? Sicher nicht. Würde er einem Paar, das sich trennen will, empfehlen, sich zu beschimpfen und sich durch kleinliche Rechthaberei das Leben gegenseitig zur Hölle zu machen? Auf keinen Fall.

Was würde der innere Freund stattdessen tun? Der Person mit dem verletzten Daumen würde er beispielsweise raten, aus der Sache kein Drama zu machen, sondern es mit Geduld und Sorgfalt noch einmal zu versuchen oder einen anderen zu bitten, den Nagel in die Wand zu schlagen. Dadurch würde sich der Schaden in Grenzen halten.

Dem zerstrittenen Paar würde der innere Freund empfehlen, lösungsorientiert zu denken. Ein jahrelanger Streit wäre für beide nur verlorene Zeit. Sie sollten ihr Leben lieber wieder genießen, sei es allein oder mit anderen. Beide Seiten könnten so schnell wie möglich alle Angelegenheiten sachlich regeln und Kompromisse schließen. Außerdem würde der innere Freund den beiden raten, trotz der Trennung gelassen zu bleiben, und sollten sie noch nicht wissen, wie das geht, die Gelegenheit zu nutzen, um es zu lernen. Dann würden beide aus der schwierigen Situation gestärkt hervorgehen. Sie könnten stolz darauf sein, die Scheidung so gut bewältigt zu haben. Selbst wenn die eine Seite bei der Streitvermeidung nicht mitspielen will, könnte wenigstens die andere die Nerven behalten. Zu einem Streit gehören schließlich immer zwei. Keiner muss hingeworfene Fehdehandschuhe aufheben.

Schwierige Situationen lassen sich am besten in drei Schritten bewältigen:

1. Man beginnt damit, dass man die Situation so annimmt, wie sie ist, mit dem Willen, das Beste daraus zu machen. Es nützt nichts, die Vergangenheit zu beklagen. Mit seinem Schicksal zu hadern, führt auch nicht weiter. Irgendwann muss man sich sowieso den Tatsachen stellen. Je eher man dies tut, desto besser.
   Indem man die Vergangenheit ruhen lässt, kommt man in der Gegenwart an. Möglichst entspannt fragt man sich, was die reinen Tatsachen sind. Man macht eine Bestandsaufnahme.
2. Danach überlegt man, was man erreichen will. Man spielt verschiedene Möglichkeiten durch und entscheidet sich am Ende für die beste. Sie muss nicht unbedingt die absolut beste sein. Manchmal ist das Traumziel nicht erreichbar. Deshalb konzentriert man sich darauf, was in der gegebenen Situation das Beste ist. Zu diesem Zweck kann man ein Brainstorming machen. Das heißt, man listet alle Alternativen auf, die einem einfallen. Dieser Pro-

zess kann Tage oder auch Wochen dauern. Beziehen Sie Ihre Freunde mit ein, erkundigen Sie sich, was diese an Ihrer Stelle tun würden. Denken Sie auch daran, Ihren inneren Freund zu fragen. Sonst setzen Ihnen die inneren Saboteure womöglich nur solche Dinge auf die Liste wie »Wirf den Hammer mit Karacho in die nächste Ecke«, »Mach deinem Ex das Leben sauer«. Nein, konstruktive, hilfreiche Alternativen sind gefragt, alles, was Ihr Leben, Ihre Gesundheit, Ihr Glück und Ihren Seelenfrieden fördert.

3. Nachdem man sich für das Bestmögliche in der augenblicklichen Situation entschieden hat, schmiedet man Pläne zur Verwirklichung dieses Ziels. Was ist zu tun? Sobald man eine Vorstellung davon hat, beginnt man mit dem ersten Schritt. Dieser Schritt kann klein oder groß sein, je nach den eigenen Bedürfnissen und Möglichkeiten. Es ist besser, etwas zu tun als gar nichts. Sie wissen: Auch eine Reise von 1000 Meilen beginnt mit dem ersten kleinen Schritt. Die Summe vieler kleiner beharrlicher Schritte führt zum Ziel.
   Rechnen Sie mit einigen Hindernissen und Umwegen. Wir träumen alle vom geraden, einfachen Weg. Aber – um es noch einmal zu sagen – wir leben hier auf der Erde und nicht im Paradies. Deshalb müssen wir manchmal auch Umwege und Irrtümer in Kauf nehmen. Nur wer einen langen Atem hat, wird am Ende damit belohnt, auf dem Gipfel des Berges zu stehen und die Aussicht zu genießen.

Erfolge feiern

Unser innerer Antreiber will nicht feiern. Wenn wir ein Zwischenziel erreicht haben, findet er, dass kein Grund zum Feiern besteht, da es noch so viel zu tun gebe. Er mahnt uns, sofort weiterzumachen und das nächste Ziel in Angriff zu nehmen. Gefeiert werden kann seiner Meinung nach später. Fallen Sie nicht darauf herein. Später kommt nie. Dafür wird Ihr innerer Antreiber schon sorgen.

Anders Ihr innerer Freund. Er weiß, dass Sie am Ziel eine Pause verdient haben. Wenn Sie am Berggipfel angekommen sind, sollen Sie die Aussicht genießen. Deshalb haben Sie schließlich die ganzen Mühen auf sich genommen. Ihr innerer Freund wird auch dafür sorgen, dass Sie schon unterwegs beim Erreichen Ihrer Zwischenziele feiern.

Sie haben die Wahl, auf wen Sie hören wollen. Möchten Sie lieber eine harte, anstrengende Reise unternehmen? Reizt es Sie, erschöpft am Ziel anzukommen? Dann ist der innere Antreiber Ihr Mann. Oder ziehen Sie es vor, gemütlich zu reisen? Zwischenstopps sorgen dafür, dass Sie wieder Kräfte sammeln können. Außerdem können Sie sich über das bereits Erreichte freuen und die weiteren Schritte planen. Vielleicht sehen Sie in der Erholungspause auch Abkürzungen oder andere vorteilhafte Möglichkeiten, die Ihnen überhaupt nicht aufgefallen wären, wenn Sie mit hängender Zunge und Tunnelblick auf Ihr Endziel zumarschiert wären.

Selbstverständlich geht es nicht darum, nur zu feiern oder jede Aufgabe mit einer Party zu beginnen. Früher habe ich mich gegen den Satz »Erst die Arbeit, dann das Vergnügen« gesträubt. Er kam mir wie das Glaubensbekenntnis freudloser Arbeitsfanatiker vor, die die Arbeit immer an die erste Stelle setzen. Aber inzwischen habe ich eingesehen, dass zumindest dieser Satz stimmt. Fängt man mit dem Vergnügen an, ist es, als ob man sich selbst in den Fuß schießt. Die anschließende Arbeit fällt einem doppelt und dreifach schwer. Zudem ist einem das Vergnügen vergällt, wenn man weiß, dass die Arbeit noch kommt. Dagegen ist die Aussicht auf eine kleine Feier beflügelnd. Am Ziel kann man sich entspannt zurücklehnen, da man die Aufgabe schon erledigt hat.

»Dann das Vergnügen« ist allerdings der Teil des Satzes, den man nie vergessen darf. »All work and no play makes Jack a dull chap« (wörtlich: Nur Arbeit und kein Vergnügen machen aus Jack einen langweiligen Kerl). Das wollen wir doch nicht, oder? Beide Redewendungen zusammen ergeben erst die ganze Wahrheit.

Und was bedeutet feiern? Nun, fragen Sie Ihren inneren Freund. Er hat bestimmt ein paar Ideen.

Zeit für eine Konferenz

»Zwei Seelen wohnen, ach! in meiner Brust«, so klagt Faust in Goethes berühmter Tragödie. Zwei Seelen, das ginge ja noch. Oft hat man jedoch gleich mehrere widerstreitende Gedanken und Gefühle in sich. Der innere Freund, Kritiker, Antreiber, Diktator und so weiter: Das sind alles Namen für die verschiedenen Kräfte, die jeder in sich trägt.

Um ein glückliches Leben zu führen, müssen diese Teile zusammenarbeiten. Sie müssen so etwas wie »Teamgeist«

entwickeln, nicht anders, als es in Unternehmen, im Mannschaftssport und in Familien notwendig ist. Solange die unterschiedlichen Interessen gegeneinander arbeiten, leidet das gesamte Team. Erst wenn alle anfangen, an einem Strang zu ziehen, sind Erfolge möglich. Die vorher auseinanderstrebenden Kräfte werden gebündelt. Mit einem Mal ist möglich, was bis dahin unerreichbar schien.

Meistens weiß man es, wenn man etwas in seinem Leben ändern müsste. Oft hat man sogar eine Vorstellung davon, was, aber trotzdem schafft man es nicht, diese Pläne in die Tat umzusetzen. Woran liegt das?

Neben den bewussten Wünschen existieren noch andere, unbewusste Interessen in einem. Diese sind sogar weitaus stärker; denn sonst würde sich ja etwas ändern. Mit dem Bezug auf das Unbewusste will ich aber keineswegs die psychoanalytische Vorstellungswelt mit ihren Analogien zur griechischen Sagenwelt heraufbeschwören. Was einer Veränderung im Wege steht, kann man viel leichter herausfinden, zum Beispiel durch Fragen wie diese:

- Was hindert mich, so zu handeln, wie ich es möchte?
- Was spricht gegen Veränderungen?
- Was befürchte ich, was passieren könnte, wenn ich mich ändere?
- Wie mache ich es, dass meine Vorsätze misslingen?
- Welche Gedanken und Gefühle bewirken, dass alles beim Alten bleibt?
- Vor welchen Auswirkungen auf mich oder andere habe ich Angst, sodass ich es vorziehe, weiterzumachen wie bisher?

Wenn man bereit ist, sich Zeit für die Antworten auf diese Fragen zu nehmen, und vollkommen ehrlich mit sich ist, wird man ein klares Bild von den inneren Widerständen gewinnen. Alle Bedenken müssen erst einmal auf den Tisch. Die Teambildung wird dadurch erleichtert, dass man die widerstrebenden Kräfte wie bei einer Konferenz zu Wort kommen lässt und sie respektiert. Man kann von der Annahme ausgehen, dass sie anerkennenswerte Motive haben.

Nehmen wir als Beispiel den viel gescholtenen inneren Schweinehund. Im Grunde will er uns davor bewahren, dass wir uns überlasten, Fehler machen, die wir später bereuen könnten, übereilte Entscheidungen treffen und Ähnliches. Wären wir imstande, uns jedes Mal im Handumdrehen ändern zu können, wenn wir es wünschen, kämen wir wahrscheinlich bald in arge Nöte. Wie ein Fähnchen im Winde würden wir flattern, mal in diese, mal in jene Richtung. Davor schützt uns der innere Schweinehund. Er akzeptiert nur kleine Änderungen, die sich wieder rückgängig machen lassen. So können wir im Rahmen einer längeren Zeitspanne entscheiden, ob wir wirklich immer weiter in die neue Richtung gehen wollen oder nicht.

Da wir schon bei den Vergleichen zur Tierwelt sind: Der Fortschritt ist eine Schnecke. Obwohl sich Tag für Tag nichts zu ändern scheint, stellt man doch nach ein paar Jahren fest, dass die Summe der Mini-Veränderungen langsam eine neue Welt entstehen lässt.

Wenn Sie also merken, dass die erwünschten Veränderungen nicht stattfinden, finden Sie mit den angegebenen Fragen Ihre inneren Widerstände heraus. Es könnte Zeit sein für eine Konferenz.

Sobald Sie wissen, was Ihr innerer Schweinehund, Skeptiker, Saboteur, vielleicht auch Ihr inneres, ängstliches Kind Ihnen zu sagen haben, können Sie anfangen zu verhandeln:

- Was müsste passieren, damit Ihre inneren Opponenten Ja sagen könnten zu Ihren geplanten Reformen?
- Wie könnten Lösungen aussehen, denen alle zustimmen würden?

Seien Sie zu Kompromissen bereit. Kompromisse stehen bei einigen ganz zu Unrecht in einem schlechten Licht. Tatsächlich führen sie zu Fortschritten und kleinen Verbesserungen. Bei streitschlichtenden Vergleichen geben beide Seiten ein bisschen nach. Jeder bekommt etwas. Sonst ist es kein echter Vergleich. Es entsteht etwas Neues, was vorher keiner der Beteiligten im Sinn hatte. Entweder-oder-, Alles-oder-nichts-Forderungen blockieren jede Entwicklung. Sie wirken grandios, führen aber zu nichts.

In Ihrem inneren Parlament werden Sie die Tugenden des Zuhörens, des Respekts, des Abwägens und Argumentierens entwickeln müssen, bevor Sie zu einer Einigung kommen.

Ziehen Sie Lösungen auf Probe und vor allem immer wieder kleine Schritte in Betracht. Für viele – also auch für Ihre inneren Saboteure – ist es leichter, einem Vorschlag zuzustimmen, wenn sie wissen, dass ihre Entscheidung umkehrbar ist. Kaufleute machen gute Erfahrungen damit, ihren Kunden ein Umtauschrecht einzuräumen. Es wird selten in Anspruch genommen, erleichtert aber die Kaufentscheidung sehr, weil Fehlkäufe rückgängig gemacht werden können. Diese Rücktrittsmöglichkeit können Sie für sich nutzen, indem Sie Ihre widerstrebenden inneren Kräfte zu einer Lösung auf Probe einladen. Vereinbaren Sie eine Testphase. Nach Ablauf einer genau festgelegten Zeit prüfen Sie, ob sich die Neuerungen bewährt haben.

Kleine Schritte sind leichter umsetzbar. Die Änderungen sind nicht so groß. Man kann sich schneller daran gewöhnen. Wenn alles gut geht, bekommt man Lust auf den nächsten kleinen Schritt. Geben Sie deshalb der »Politik der kleinen Schritte« eine Chance.

Auf diese Weise schaffen Sie in Ihrem inneren Team eine gute Stimmung.

EINLADUNG ZUM NACHDENKEN

In Ratgebern ist es ein guter Brauch, dass der Autor am Ende eines Kapitels das Wichtigste kurz zusammenfasst. Sie haben jedoch mehr davon, wenn Sie sich selbst noch einmal das Wichtigste in Erinnerung rufen.

Was wollen Sie sich aus dem Kapitel »Eine freundliche innere Stimme entwickeln« merken? Was möchten Sie ausprobieren? Was machen Sie aufgrund der bisherigen Lektüre bereits anders als vorher?

Blättern Sie ruhig die gelesenen Seiten noch einmal durch. Nehmen Sie das Inhaltsverzeichnis zu Hilfe. Sie können auch die Sätze, die für Sie am wichtigsten waren, unterstreichen (falls Sie das nicht sowieso schon gemacht haben).

FREUNDLICH
MIT SICH UMGEHEN

Ein neues Verhältnis zum Körper

Im vorigen Kapitel haben wir uns damit beschäftigt, wie man eine freundliche innere Stimme entwickelt. Dabei wollen wir aber nicht stehen bleiben. Die freundliche innere Stimme muss sich im Außen, das heißt im Verhalten, beweisen. Wer meint, freundlich mit sich zu sprechen, aber sich gleichzeitig schlecht behandelt, macht sich etwas vor.

Ich möchte Ihnen im folgenden Kapitel ein paar Ideen davon geben, wie ein freundlicher Umgang mit sich selbst aussehen könnte. Es würde mich freuen, wenn Sie diese Vorschläge nach Ihren eigenen Bedürfnissen abwandeln und ergänzen würden.

Selbstliebe zeigt sich zum Beispiel im Verhältnis zum Körper. Die wichtigsten Bedürfnisse des Körpers sind: Bewegung, Essen und Trinken, Entspannung und Schlaf.

Bei kleinen Kindern kann man gut beobachten, dass ihnen Bewegung ein vorrangiges Bedürfnis ist. Sie werden unleidlich, wenn man ihnen die Möglichkeit nimmt, sich jeden Tag nach Herzenslust auszutoben. Natürlich ist dieses Bedürfnis bei jedem Kind unterschiedlich stark ausgeprägt. Die einen brauchen viel Bewegung, die anderen weniger. Aber es ist ein ungelöstes Problem, dass wir in unserer Gesellschaft Kinder so sehr daran hindern, sich zu bewegen. Durch den starken Autoverkehr sind überall, sowohl in Großstädten als auch in kleineren Städten, die Räume sehr klein geworden, in denen Kinder sich allein ungefährdet tummeln können. In der Schule müssen sie als Erstes lernen, still zu sitzen. Das ist anstrengend und unnatürlich. Inzwischen ist allgemein bekannt, dass Kinder bei unserer Lebensweise zu viel sitzen: vor dem Fernseher, dem Computer, in der Schule, in der Freizeit. Dafür zahlen sie später einen hohen gesundheitlichen Preis. Den meisten fällt es schwer, nach vielen Jahren wieder zu lernen, sich ausreichend und mit Lust zu bewegen. Auch Erwachsene leiden heute unter Bewegungsmangel. Wie ist es bei Ihnen? Wie viel angenehme Bewegung gönnen Sie sich täglich?

Essen und Trinken ist ebenfalls ein Thema, bei dem man Selbstliebe üben kann. Weder zu viel noch zu wenig zu essen und zu trinken, macht heute immer mehr Menschen Mühe. Übergewicht auf der einen, Anorexie und Bulimie auf der anderen Seite. Essstörungen nehmen erschreckend zu. Deshalb ist es für viele eine lohnende Aufgabe, herauszufinden, wie sie sich richtig ernähren können, was ihnen schmeckt, was dem Körper bekommt und wann er von welchen Lebensmitteln genug hat.

Haben Sie gelernt, sich zu entspannen? Dann dürfen Sie sich beglückwünschen; denn auch dazu sind immer weniger Menschen imstande. Abschalten, die Anspannung der Muskeln loslassen, sich wohlfühlen in seiner Haut: das sollte jeder mit Leichtigkeit können.

»New York – the city that never sleeps.« Eine Stadt, die nie zur Ruhe kommt: Das gilt heute als etwas Gutes. Nicht nur New York, auch andere Städte schaffen es nicht mehr, den Rhythmus zu wechseln. Die Ladenöffnungszeiten werden ständig ausgeweitet, einkaufen rund um die Uhr ist die Devise. Kinos, Theater, Bars und Kneipen schließen spät in der Nacht oder gar nicht mehr. Fernsehen kann man rund um die Uhr. Die Nachtarbeit, früher auf Notdienste beschränkt, nimmt immer mehr zu.

Wer sich dem nicht entzieht, braucht irgendwann »upper« (Aufputschmittel) zum Aufwachen und Wachbleiben und »downer« (Schlafmittel) zum Einschlafen. Die Rhythmen des Körpers geraten durch den Verlust der Ruhezeiten aus dem Gleichgewicht. Die Zeiten, als man mit den Hühnern, also in der Abenddämmerung, schlafen ging und mit dem ersten Hahnenschrei, also im Morgengrauen, aufstand, sind lange vorbei. Trotzdem ist es wichtig, dass man nachts gut schläft, sich tagsüber die eine oder andere Siesta gönnt, um die Energiereserven wieder aufzufüllen. Schaffen Sie das?

Und schließlich die Körperpflege. Auch hier zeigt sich der freundliche Umgang mit dem eigenen Körper. Körperpflege umfasst ein weites Gebiet: Haut und Haare, alles, was das äußere Erscheinungsbild des Körpers und sein Wohlbefinden betrifft. Man muss darin nicht perfekt sein. Aber wenn man sich in diesen Dingen auf Dauer vernachlässigt, hat man noch kein gutes Verhältnis zu seinem Körper gefunden.

Hey, das fühlt sich gut an!

Ein freundschaftliches Verhältnis zum eigenen Körper zu haben bedeutet nicht etwa Mühe und Plage. Vielmehr ist es mit Lust und Wohlbefinden verbunden. Dazu einige Beispiele:

- Achten Sie einmal auf Ihren Atem. Wie atmen Sie ein und aus? Ist Ihr Einatem kurz oder lang? Nicht ein objektives Maß zählt, sondern wie Sie es empfinden. Wie ist Ihr Ausatem? Ist er kurz oder lang? Kürzer oder länger als Ihr Einatem? Nehmen Sie sich so viel Zeit, wie Sie mögen, um es herauszufinden. Folgen Sie einfach für eine Weile Ihrem Atem bei seiner Reise durch den Körper, wie er durch die Nase einströmt, vom Hals in die Brust und weiter in den Bauch geht und dann wieder zurück. Machen Sie eine Pause nach dem Einatmen oder nach dem Ausatmen? Bewerten Sie diese Tatsachen nicht. Nehmen Sie es einfach so wahr, wie es ist.

  In einem zweiten Schritt können Sie, wann immer Sie es wünschen, Ihren Atem beruhigen. Betonen Sie zu diesem Zweck Ihre Ausatmung. Atmen Sie etwas länger aus als normal, ohne es allzu sehr zu forcieren. Nehmen Sie sich einfach Zeit, in Ruhe auszuatmen. Sie können jedes Mal ein bisschen länger ausatmen, jedoch ohne sich dabei anzustrengen. Auch der Einatem wird dabei automatisch etwas länger und die Zahl der Atemzüge nimmt ab.

  Während Sie auf diese Weise lang ausatmen, können Sie alle unnötigen Anspannungen im Körper loslassen. Vielleicht wollen die Schultern ein bisschen nachgeben. Arme und Beine werden etwas schwerer – nur so viel, wie es Ihnen angenehm ist –, die Sitzfläche wird deutlicher spürbar und alle übermäßigen Anspannungen atmen Sie aus. Während Sie so atmen, können Sie in Gedanken den ganzen Körper durchwandern. Spüren Sie Ihre Füße, die Unterschenkel, die Oberschenkel, das Becken, den Bauch, das Kreuz, die Brust, den Rücken, die Schultern, den Hals und das Gesicht.

Machen Sie das, so lange Sie mögen. Diese Übung können Sie während des Tages mehrmals wiederholen und sich so angenehm entspannen.

Die meisten Situationen im Alltag lassen es zu, auf den Atem zu achten und ihn zu beruhigen. Schon beim Aufwachen kann man damit beginnen. Während eines Gesprächs, beim Telefonieren, beim Arbeiten, während eines Spaziergangs oder beim Einkaufen – immer wieder bieten sich Gelegenheiten, den Atem zu beobachten und ihn (und damit sich selbst!) zu beruhigen. Selbstverständlich ändert sich der Atem je nach Situation. Wenn Sie Treppen steigen, atmen Sie anders, als wenn Sie ruhig in einem Sessel sitzen. Ihr Atem passt sich von selbst den verschiedensten Situationen an. Lassen Sie es zu, halten Sie ihn nicht an und beeinflussen Sie ihn nicht oder nur behutsam.

Diese einfache Übung kann erheblich zu Ihrem Wohlbefinden beitragen. Diejenigen, die dazu neigen, sich schnell aufzuregen, werden über die durch den Atem gewonnene Ruhe staunen.

Für viele wird es eine besondere Wohltat sein, ihr Gesicht öfter zu entspannen. Gerade die Stirn, die Lippen, die Zunge und der Kiefer sind ideale Ansatzpunkte für

Verspannungen. Sie können die Entspannung dieser Zonen mit der eben geschilderten Atemmethode gut verbinden. Während Sie ausatmen, spüren Sie den Kiefer und lassen überflüssige Anspannungen los. Ebenso verfahren Sie mit den Augen, dem Mund und der Zunge. Manchmal ist es hilfreich, die angesprochenen Körperpartien beim Entspannen minimal zu bewegen, um sie besser spüren und loslassen zu können. Auch diese Übung ist sehr einfach und geeignet, das Wohlbefinden um einiges zu verbessern.

- Leichte Körperübungen, die sich gut anfühlen, bietet z. B. die Feldenkraismethode. Der Feldenkraislehrer Mark Reese hat die von ihm vorgeschlagenen Übungen deshalb auch gleich »Relaxercises« genannt, »relax« für entspannen und »exercise« für Übung. Man kann sich damit nicht überfordern. Die Feldenkraisübungen helfen einem auf angenehme Art, sich leicht und beschwingt bewegen zu können, eine Fähigkeit, die vielen heute abhandengekommen ist. Im Literaturverzeichnis finden Sie einige Angaben zu dieser sehr hilfreichen Methode.
- Oder wie wäre es mit Trampolinschwingen? Ja, Sie haben richtig gelesen: schwingen, nicht springen. Dabei kann man die Leichtigkeit des Seins erfahren, so wie es ursprünglich gemeint war. Ihr inneres Kind wird jubeln, dass es mal wieder so durch die Lüfte schweben darf wie früher. Die Füße bleiben lieber fest auf der Schwingmatte, aber das Gefühl ist dasselbe wie beim Hopsen und Springen.

Seit ich das erste Mal auf einem Schwingtrampolin stand, bin ich davon begeistert. Sport macht mir einfach keinen Spaß. Die Idee, dass Fitness mit Blut, Schweiß und Tränen verbunden sein soll, hat mir nie eingeleuchtet. Als das Buch ›Fitness für Faule‹ von Laurence Morehouse 1980 als Taschenbuch erschien, wurde es mein Leitstern auf diesem Gebiet. Morehouse war nicht irgendwer, sondern er hat für die amerikanischen Astronauten damals das Fitnessprogramm entworfen. Es ist also sogar weltraumgetestet. Welcher Fitnessguru kann das von seinem Programm sagen? Morehouse spricht sich in seinem Buch für ein minimales, aber wirksames Fitnessprogramm aus, das nicht anstrengt und nur 30 Minuten pro Woche in Anspruch nimmt.

Ein Artikel, den ich 1987 von Gert von Kunhardt las, bestätigte diesen Standpunkt. Diejenigen, die überhaupt trainieren, neigen dazu, sich zu überfordern. Deshalb die vielen kaputten Gelenke, Sehnen und Muskeln bei Leistungs- und AmateursportlerInnen! Von Kunhardt propagiert das »Prinzip der subjektiven Unterforderung«. Immer wenn man das Gefühl hat, dass man eigentlich zu wenig macht und sich viel stärker ins Zeug legen könnte, trainiert man richtig. Von Kunhardt war in den Sechzigerjahren Spitzensportler und ist heute Gesundheitstrainer. Das Trampolinschwingen empfiehlt er als Teil seines »Minutentrainings«, um locker und entspannt Fitness aufzubauen. Auch hierzu finden Sie im Literaturverzeichnis weitere Angaben.

Egal, ob es um Bewegung, Ernährung oder Entspannung geht, jeder kann für sich die passenden Wege zu einem lustvollen, gesunden Umgang mit dem eigenen Körper finden, um dann sagen zu können: Hey, das fühlt sich richtig gut an!

Kleider machen nicht nur Leute

Der innere Freund, die innere Freundin lässt einen nicht in unvorteilhafter Kleidung herumlaufen. Er/sie betrachtet es als ein Gebot der Selbstliebe, sich eine Garderobe zuzulegen, die das Beste aus dem eigenen Typ macht.

Die Kleidung ist Ausdruck des Selbst. Wir haben im Abschnitt »Wie die Freundschaft mit sich selbst beginnt« gesehen, wie man sich in seiner Umgebung spiegelt. Die Kleidung ist ein Teil davon. Deshalb werden Menschen nicht ganz zu Unrecht nach ihr beurteilt. Sie gibt den anderen Auskunft über die innere Einstellung eines Menschen zu sich selbst, aber auch darüber, welchen Eindruck er bewusst oder unbewusst auf andere machen will.

Beispielsweise trugen früher viele alte Leute fast ausschließlich graue und beige Kleidung. Sie kamen sich oft wie »altes Eisen« vor und sahen leider auch ein wenig so aus. Ihre geringe Selbstachtung führte dazu, dass sie sich mit dem, was sie anzogen, fast unsichtbar machten. In den Bekleidungshäusern hingen meterweise beige Staubmäntel auf der Stange. Gern getragen wurden aber auch uniforme dunkelblaue Mäntel.

Das hat sich heute zum Glück sehr geändert. Die Älteren lassen sich nicht mehr so leicht aufs Abstellgleis schieben, nicht mehr nur als Rentner definieren, und dieser Trend wird noch zunehmen.

Kleidung ist heute bei Jüngeren wie bei Älteren individueller. »Anything goes« ist die Devise. Modediktate spielen nicht mehr die zentrale Rolle wie noch vor Jahrzehnten. Wer mit seiner Kleidung auffallen will, hat es heute immer schwerer. Man hat schon alle Stile gesehen. Sie existieren inzwischen parallel. Es ist jetzt leichter, zu tragen, was man mag, selbst im Beruf. Zwar gibt es immer noch Unternehmen, in denen eine Uniform vorgeschrieben ist. Aber selbst konservative Firmen, in denen Männer und Frauen einen dunklen Anzug bzw. ein Kostüm tragen müssen, erlauben ihren Angestellten seit Kurzem, wenigstens an einem Tag der Woche anzuziehen, was sie wollen.

So wie sich die innere Einstellung auf die Bekleidung auswirkt, so wirkt umgekehrt auch die Kleidung als Teil der Umgebung auf ihre Träger zurück. Was man auf dem Leib trägt, ist der Teil der Umgebung, der einem am nächsten ist, hautnah sozusagen. Gute Kleidungsstücke fühlen sich an wie eine zweite Haut. Deshalb macht es einen Unterschied, ob die Sachen, die man anhat, einen einengen oder einem Spielraum lassen, kratzen oder sich gut anfühlen, ob sie einem gefallen oder nicht.

Natürlich kann Kleidung eine falsche Einstellung zu sich selbst nicht wettmachen, aber sie kann den guten Umgang mit sich selbst stärken. Außerdem signalisiert sie anderen, ob man sich mag oder nicht. Wenn die Bekleidung zeigt, dass jemand sich vernachlässigt, dann behandeln viele diese Person leider auch entsprechend. Sie folgen dem schlechten Beispiel des Trägers. Spiegelt sich in der Kleidung dagegen Selbstachtung, reagiert die Umgebung mit hoher Wahrscheinlichkeit ebenso respektvoll.

Warum man sich so und nicht anders verhält

Man fühlt so, wie man denkt. Hält man die Welt generell für gefährlich, ist Angst ein Gefühl, das einen ständig begleitet. Misslingt einem etwas und glaubt man, es hätte einem gelingen müssen, ärgert man sich. Hegt man stets hohe Erwartungen, wird man oft enttäuscht sein. Meint man, dass einem etwas gut gelungen sei, freut man sich. Diesen Zusammenhang zwischen Gedanken und Gefühlen haben wir bereits ausführlich erörtert (siehe oben »So entstehen Gefühle«).

Die Gedanken wirken sich aber nicht nur auf das Gefühlsleben aus. Man handelt auch so, wie man denkt. Wer glaubt, im Lotto sowieso keine Chance auf den Hauptgewinn zu haben, macht nicht mit. Rechnet man am Wochenende mit Regen, plant man einen Kinobesuch anstelle eines Ausfluges.

Aber stimmt es wirklich, dass man so handelt, wie man denkt? Sind es nicht eher die Umstände, die das Handeln bestimmen? Lange Zeit haben selbst Verhaltenswissenschaftler das geglaubt. Sie dachten, dass ein einfaches Reiz-Reaktions-Schema genüge, um das Handeln von Menschen und Tieren zu erklären. So etwas wie »Geist«, »Gedanken« und »Vorstellungen« erkannten sie nicht an. Inzwischen ist ihre These widerlegt. Als Alltagstheorie lebt sie jedoch immer noch fort. Man sagt: »Als ich dieses Angebot sah, konnte ich nicht widerstehen.« Oder: »Nachdem das passiert war, musste ich handeln.« Diese Aussagen entsprechen nicht der Wahrheit. Können, müssen und wollen wird darin verwechselt. Es ist ein Unterschied, ob man etwas nicht konnte oder wollte, ob man etwas tun musste oder wollte.

Wir kaschieren unsere Verantwortung und Wahlfreiheit gerne damit, dass wir behaupten, nicht handeln zu können bzw. etwas tun zu müssen, während wir uns in Wirklichkeit bewusst oder unbewusst entschieden haben, dieses oder jenes zu tun bzw. zu lassen. Es erscheint bequemer und erspart einem weitere Begründungen, solange die anderen unseren Worten zustimmen.

Wie lässt sich der Zusammenhang zwischen dem Denken und Handeln beweisen? Vor allem durch zwei Überlegungen:

Erstens müssten sich in einer bestimmten Situation alle Menschen gleich verhalten, wenn allein die Situation das Verhalten festlegen würde. Erfahrungsgemäß reagieren Menschen aber in ein und derselben Situation ganz unterschiedlich. Halten wir uns als Beispiel vor Augen, was passiert, wenn ein Feuer ausbricht. Während die einen in blinder Panik die Flucht ergreifen, behalten die anderen den Überblick. Sie organisieren die Löschversuche und helfen den Verletzten.

Zweitens handelt sogar dieselbe Person in der gleichen Situation unterschiedlich. Menschen, die in Warteschlangen normalerweise ungeduldig werden und sich über langsame KundInnen und KassiererInnen ärgern, sind an manchen Tagen so gut gelaunt oder mit ihren Gedanken so weit weg, dass sie gar nicht darauf achten, wie lange sie an einer Kasse warten müssen.

Wäre es nur die Situation – in unseren Beispielen der Ausbruch des Feuers bzw. die Warteschlange –, die für das Handeln verantwortlich ist, müssten alle Menschen ohne Ausnahme sich jedes Mal ohne Ausnahme 100%ig gleich verhalten. Das ist aber in Wirklichkeit nicht der Fall. Wenn es nicht die Situation ist, die zu den verschiedenen Reaktionen führt, was ist es dann?

Jeder Mensch handelt so, wie er denkt. Ob jemand mutig, ängstlich, gelassen, ungeduldig, zuversichtlich, entmutigt oder wie auch immer reagiert, hängt von seiner Beurteilung der Situation ab. Dabei kommt es nicht einmal darauf an, ob er die Lage richtig einschätzt. Entscheidend ist allein, was er zu sehen oder zu hören glaubt. Ein Blick auf die Uhr kann jemanden zur Eile antreiben, obwohl er nur die Uhr falsch abgelesen hat und es in Wirklichkeit eine Stunde früher ist, als er meint. Verzerrte Wahrnehmungen, Missverständnisse und Fehleinschätzungen kommen dauernd vor. Deshalb lohnt es sich, die Tatsachen genau zu prüfen, bevor man wichtige Entscheidungen trifft.

Von den eigenen Gedanken hängt nicht nur ab, welche Gefühle man sich selbst gegenüber hat, ob man sich mag oder ablehnt. Auch der Umgang mit sich selbst wird durch die Gedanken bestimmt. Je liebevoller man über sich denkt, desto besser wird man sich fühlen und umso freundlicher wird man mit sich umgehen. Umgekehrt gilt dasselbe: Je weniger man sich mag, desto schlechter wird man sich fühlen und behandeln. Ein Grund mehr, den inneren Freund zu aktivieren. Er fördert Ihre positiven Gefühle und Ihr konstruktives Verhalten.

Ein wahres Vergnügen

Nun kommen wir zum Kern des freundlichen Umgangs mit sich selbst: Machen Sie Ihr Leben zu einem Fest. Falls Sie das für etwas übertrieben halten, könnte man es auch so ausdrücken: Sorgen Sie dafür, so zu leben, wie es Ihnen persönlich Spaß macht.

Nehmen Sie diesen Satz als Orientierung. Über siebzig oder neunzig Jahre gesehen, wird es in jedem Leben viele Aufs und Abs geben. Deshalb scheint mir die Forderung illusorisch, jeden Tag oder gar jede Minute des Lebens zu genießen. Hoffentlich schaffen es diejenigen, die so etwas postulieren, selbst, ihren hohen Ansprüchen zu genügen. Jede Minute zu genießen, dürfte mit der Zeit recht anstrengend werden.

Wenn ich empfehle, im Leben das zu tun, was einem Spaß macht, habe ich etwas anderes vor Augen. Ich denke dabei z. B. an das Leben von Marc Chagall. In seiner Autobiographie ›Mein Leben‹ schreibt er, dass er »im Grunde genommen tot geboren« wurde. Man habe ihn mit Nadeln gestochen, in einen Wassereimer getaucht, bis er endlich ein schwaches Gewimmer von sich gegeben habe. Zur selben Zeit brannte das Dorf. Es bestand aus Holzhäusern, und alle paar Jahre fraß das Feuer ganze Stadtviertel auf. Als Kind saß Chagall dabei gerne auf dem Dach und betrachtete die Szenerie. Im Laufe seines Lebens erlebte er zwei Weltkriege, die Revolution in Russland, die Verfolgung als Jude, mehrere Emigrationen, den Untergang vieler seiner Werke, finanziellen Ruin (seine Bilder waren in einer Ausstellung ausverkauft worden, aber durch die Inflation war der Gewinn bereits vernichtet, als der Kunsthändler ihm seinen Anteil auszahlen sollte), den Tod seiner geliebten Ehefrau und ... Reicht eigentlich, finden Sie nicht? Das alles sind Ereignisse, von denen ein einziges genügen würde, um aufzugeben, zu sterben oder traumatisiert und voller Depressionen den Rest des Daseins zu verbringen.

Doch Chagall ließ sich nicht unterkriegen. Er schuf in den 97 Jahren seines Lebens ein umfangreiches Werk, das auch heute noch viele Menschen erfreut. Das Malen war der rote Faden in seinem Leben. Es inspirierte ihn und gab ihm Kraft. Auf Fotos kann man die Freude und Hingabe sehen, mit der er in seiner Werkstatt malt und töpfert. Chagall arbeitete aber nicht die ganze Zeit. Er reiste auch gern und kannte viele weitere Freuden, die sein Leben in der Summe zu einem Vergnügen machten.

Man muss kein Künstler sein, um ein glückliches Leben zu führen. Im Gegenteil: Biographien berühmter Künstlerinnen und Künstler scheinen überdurchschnittlich oft von Unglück und Verzweiflung geprägt zu sein. Daher ist ein Künstlerdasein keineswegs der Freifahrschein für ein erfülltes, befriedigendes Leben. In Kenntnis des ABCs der Gefühle und des Handelns wird man das auch nicht erwarten. Nicht die Lebensumstände entscheiden darüber, ob man glücklich wird, sondern die innere Einstellung.

Ich kenne viele Menschen, die genauso wie Chagall Farbe und Schönheit in ihr Leben gebracht haben, ohne Künstler von Beruf zu sein.

Die Hauptsache ist, dass man nicht puritanisch lebt. Das Lebensmotto von PuritanerInnen lautet: Du darfst alles tun, solange es keinen Spaß macht. Diese Einstellung führt nur zu Verbitterung, es sei denn, man hat insgeheim ein großes Vergnügen daran, sich nichts zu gönnen. Aber dann wäre es schon kein Puritanismus mehr.

Auf Stimmigkeit achten

Woher weiß man, dass man auf dem richtigen Weg ist? Für manche ist das ein Buch mit sieben Siegeln. Dabei ist es nicht allzu schwer, es herauszufinden. Jeder besitzt einen inneren Kompass. Man muss ihn nur gebrauchen.

Wenn Sie an einem Punkt Ihres Lebens im Unklaren sind, hören Sie auf Ihren Körper. Er kennt die Antwort, nicht immer, aber sehr oft. Wenn man schlechte Erfahrungen macht, ist es oft so, dass man sich über ein inneres Gefühl oder eine innere Stimme hinweggesetzt hat. Normalerweise weiß man, was richtig wäre. Aber die inneren Widerstände – wir sprachen bereits darüber (siehe »Zeit für eine Konferenz«) – hindern einen daran, den Eingebungen zu folgen.

Die innere Sprache des Körpers ist einfach. Entweder gibt es eine positive Resonanz, eine negative oder gar keine. Im letzteren Fall muss man warten oder dem Körper eine Frage stellen, sodass sich eine Antwort einstellen kann. Sie ist meist im Bauch-Brust-Raum spürbar. Ein ungutes Gefühl oder eine innere Verkrampfung können Zeichen der Ablehnung sein. Atmet man auf oder entspannt sich der Körper, sind das positive Signale. Zu den Körpergefühlen passen jeweils bestimmte Wörter, Sätze, Bilder oder Bewegungen, die man im Dialog mit dem Körper immer weiter präzisieren kann. Es ist, wie wenn man einen Namen sucht, der einem entfallen ist: »… Müller … Nein … So etwas wie Mührer, Murrmann … Mühlmann! Mühlmann, das ist es!!« Woher weiß man, dass der Name »Mühlmann« richtig ist? Er passt, und zwar zu dem Körpergefühl. Man kann spüren, dass Mührer nicht stimmt, wohl aber Mühlmann. Der zutreffende Name fühlt sich richtig an.

Diese Vorgehensweise lässt sich auch bei der Suche nach dem richtigen Weg im Leben anwenden. Der nächste richtige Schritt ergibt sich aus dem Gefühl heraus. Wenn sich ein ungutes Gefühl einstellt, ist nicht immer der ganze Schritt falsch. Manchmal müssen nur ein paar Details verändert werden, damit es passt.

Auf innere Stimmigkeit zu achten, ist der Königsweg zu richtigen Entscheidungen. Leider muss man auch hier eine kleine Einschränkung machen. Das Bauchgefühl hat nicht immer Recht. Manchmal reagiert es nur auf alte Vorurteile und alte Gewohnheiten. Sobald man etwas Neues ausprobiert, fühlt sich das fremd an. Der Verstand sagt Ja und der Körper zögert. Mit der Zeit gewöhnt man sich an das Neue. Bauchgefühl und Verstand stimmen dann wieder überein. Die am Anfang bestehende Dissonanz der beiden kann man verringern, wenn man sich an das Prinzip der kleinen Schritte hält. Der Körper, der sich bei größeren Veränderungen unwohl fühlt, toleriert kleine Neuerungen viel leichter. Die Stimmigkeit bleibt auf diese Weise gewahrt.

Bleibt das ungute Gefühl bei Veränderungen auf Dauer bestehen, tut man jedoch gut daran, die Entscheidung noch einmal zu überdenken. Was stimmt nicht? Was müsste passieren, damit man sich wieder wohlfühlen kann? Wie lässt sich die Situation verbessern? Auf die richtigen Antworten darauf antwortet der Körper mit einer spürbaren Erleichterung.

Falsche Freunde

Der innere Freund hilft einem, etwas zu tun, was zwar im Moment unangenehm, aber später angenehm ist. Ein Beispiel dafür wäre ein Besuch bei der Zahnärztin. Die klinische Atmosphäre eines Arztzimmers mag man im Allgemeinen nicht. Trotz moderner Medizintechnik haben die meisten ein Unbehagen, wenn sie zum Zahnarzt müssen. Aber auf lange Sicht lohnt es sich. Die Zähne bleiben schmerzfrei.

Aber auch im umgekehrten Fall ist der innere Freund ein wertvoller Helfer, wenn es nämlich darum geht, etwas zu lassen, was im Moment angenehm, aber später unangenehm ist. Nehmen wir als Beispiel den Verzicht auf den Kauf einer schönen Sache. Am Anfang kann der Verzicht einem Kummer bereiten. Man stellt sich vor, wie befriedigend es wäre, den Gegenstand zu besitzen. Aber auf lange Sicht erweist sich der Verzicht als angenehm, weil man ein schuldenfreies Leben führen kann und die Wohnung nicht mit allen möglichen schönen Sachen, die einem nichts mehr bedeuten, vollgestopft ist.

Die falschen Freunde helfen einem nur scheinbar weiter. Sie verhindern, dass man sich beim Zahnarzt anmeldet. Im ersten Moment ist man erleichtert. Aber wenn man dann am Freitagabend schlimme Zahnschmerzen bekommt, sieht die

Sache anders aus. Auch der Verlust von Zähnen ist nicht besonders erfreulich.

Die falschen Freunde überreden einen, sofort alles zu kaufen, was man haben möchte. Am Anfang ist das ein tolles Gefühl. Aber wenn sich immer mehr ansammelt, womöglich sogar Schulden, sind die Folgen vor allem unangenehm. Über die vielen schönen Sachen kann man sich nicht mehr freuen.

Die falschen Freunde, das sind also die Argumente, die man sucht, um das zu tun (Spontankäufe), was man lieber lassen sollte, und das zu lassen (Zahnarztbesuch), was man lieber tun sollte.

Hier hilft nur ein hedonistisches Kalkül, das heißt, man berechnet ganz kühl und sachlich, was den größten Nutzen bringt:

- Welche Folgen treten auf, wenn ich das tue? Kurzfristig? Langfristig?
- Mit welchen Folgen ist zu rechnen, wenn ich das nicht tue? Kurzfristig? Langfristig?

Was langfristig für das Leben, die Gesundheit, das Wohlbefinden, das Glück und die Beziehungen den größeren Nutzen bringt, entspricht der Sichtweise des inneren Freundes. Bei dieser Rechnung hilft nur der nüchterne Verstand. Das spontane Gefühl muss in diesem Fall zurücktreten. Es gehört dem inneren Kind an, das immer nur den kurzfristigen Spaß will und nicht in der Lage ist, in die weitere Zukunft zu blicken. Kinder können ganz süße, reizende Wesen sein (wir waren ja alle mal eines). Sie leben ganz im Hier und Jetzt, können minutenlang von Seifenblasen fasziniert sein. Aber es ist nicht ihre Stärke, Folgen abschätzen zu können. Deshalb haben sie Eltern, die das für sie tun.

Wenn man genau in sich hineinspürt, kann man meist auch auf der Gefühlsebene den richtigen Weg finden. Einerseits macht sich das starke Gefühl der Vorfreude deutlich bemerkbar, mit dem das innere Kind nach sofortigem Spaß verlangt. Andererseits kann man vielleicht auch ein vages Gefühl wahrnehmen, dass es verkehrt wäre, dem spontanen Impuls nachzugeben. Dieses Bauchgefühl ist weniger eindeutig, nicht so intensiv. Deshalb übersieht man es leicht. Man findet es nur, wenn man einen Moment innehält und sich fragt, ob es in diesem Fall wirklich gut wäre, so spontan zu handeln, wie es die Natur des unbekümmerten, aber auch unvernünftigen Kindes ist.

Die Aufgabe von wahren Freunden ist es nicht, bei allem, was man tun möchte, zustimmend mit dem Kopf zu nicken, sondern sie müssen einem manchmal auch unangenehme Dinge sagen und dabei helfen, das Notwendige zu tun, das sich erst in der ferneren Zukunft als angenehm herausstellen wird.

Deshalb sollten Sie es Ihrem inneren Freund nicht übel nehmen, wenn er Sie – anders als die falschen Freunde – auch mal dazu anhält, lästige Pflichten zu erfüllen oder auf kurzfristige Freuden zu verzichten, wenn es auf längere Sicht für Sie von Vorteil ist.

Stressmanagement

Stress. Allein das Wort löst bei manchem Unbehagen aus. Trotzdem kann man Mittel und Wege finden, mit diesem Phänomen, das die Menschheit seit ihren Anfängen begleitet hat, so umzugehen, dass man davon nicht allzu sehr beeinträchtigt wird.

Stress hat viele Auslöser. Die Gedanken spielen aber eine ganz entscheidende Rolle. In einer potenziell belastenden Situation sind nur selten alle Betroffenen gestresst, und wenn doch einmal, dann nicht im selben Ausmaß. Jeder Einzelne entscheidet selbst, ob er eine Situation für erträglich oder unerträglich hält und wie er darauf reagieren will. Die Bewertung der Umstände und die Wahl der Reaktion laufen meist unbewusst und automatisch ab, sodass derjenige – falls seine Bewertung negativ ist – tatsächlich glaubt, von den Umständen gestresst zu sein, oder – falls er eine neutrale oder positive Bewertung vornimmt – gar nicht weiß, dass er in einer »Stresssituation« ist, weil er sie nicht als solche wahrnimmt.

Natürlich könnte man Umstände anführen, die typischerweise zu Stress führen. Das besagt jedoch nur, dass in bestimmten Situationen viele Menschen (nicht alle!) dazu neigen, Stressgedanken zu wählen, die in ihrer Familie, ihrem Milieu oder ihrer Kultur verbreitet sind. Letztlich gibt es aber so viele potenzielle Auslöser für Stress, wie es Menschen gibt.

Die Erkenntnisse einiger Forscher über die Physiologie des Gehirns ändern an dem eben Gesagten übrigens nichts; denn selbst wenn einige Stressreaktionen autonom ablaufen sollten, so kann grundsätzlich jeder Mensch in das Geschehen eingreifen und wieder die Kontrolle übernehmen. Das heißt, selbst wenn eine Wahrnehmung unmittelbar eine körperliche Stressreaktion hervorrufen sollte, kann man sich relativ schnell wieder beruhigen, indem man seinen Verstand einschaltet.

So kann es passieren, dass ein Stück eines alten Gartenschlauchs, der schwarz und mit gelben Linien gemustert im Kräuterbeet liegt, im Abendlicht wie eine gefährliche Schlange aussieht und bei einem phantasiebegabten Menschen unmittelbar eine Panik auslöst. Er wird aber seine Fassung bald wiedergewinnen, wenn er sich überlegt, dass es sehr, sehr unwahrscheinlich ist, in Nordhessen eine Giftschlange zu treffen.

Ebenso vielfältig wie die Auslöser sind die Symptome des Stresses. Es können körperliche Reaktionen wie Herzrasen auftreten, gedankliche wie Katastrophenphantasien, emotionale wie Angst, Verhaltensreaktionen wie Hektik und Aktionismus oder soziale wie jemanden anbrüllen oder Schutz bei FreundInnen suchen.

Kennt man die typischen Ursachen, ist es wesentlich einfacher, Stress zu verringern oder ganz abzustellen. Man kann beim Denken oder beim Handeln ansetzen, aber auch beim Körper oder der Umgebung.

Wollen Sie Ihrem Körper eine Menge Stress ersparen, dann lernen Sie, Ihre Muskeln zu entspannen. Damit können Sie unnötige Verkrampfungen auflösen oder von vornherein verhindern. Besorgen Sie sich ein paar Bücher zu diesem Thema oder besuchen Sie entsprechende Kurse. Konsequenz beim Üben ist hier am wichtigsten. Außerdem ist es günstig, mehrere Verfahren zu kennen, damit Sie flexibel reagieren können.

Auch die Umgebung kann man so einrichten, dass Stress von vornherein vermieden wird. Wer Kinder hat, kann durch eine kindgerechte Möblierung der Wohnung dafür sorgen, dass es kein Geschrei gibt wegen Flecken auf dem weißen Sofa, Unordnung im Kinderzimmer oder zerbrochener teurer Vasen. Indem man in ein ruhigeres Stadtviertel zieht, wird man von Auto- und sonstigem Lärm weniger behelligt. Fragen Sie Ihren inneren Freund, welche Tipps er Ihnen geben kann, damit Sie durch eine geschickte Organisation Ihrer Umgebung ein entspanntes Leben führen können.

Wie kann man Stress abstellen, indem man anders handelt? Setzen Sie eindeutige Prioritäten in Ihrem Leben. Sie können nicht alles haben. Aber Sie können alles haben, was Ihnen wichtig ist. Doch bedenken Sie dabei: Wem tausend Sachen wichtig sind, dem ist in Wirklichkeit nichts wichtig. Priorität ist nur ein anderes Wort für Vorrang. Das heißt, wenn nichts Vorrang hat, hat man keine Prioritäten, und wer zu viele Prioritäten setzt, hat keine. Was hat in Ihrem Leben Vorrang? Was muss zurücktreten, damit die Prioritäten in Ihrem Leben sichtbar werden?

Aufschieben ist ein Verhalten, das Stress verursacht. Man wartet bei wichtigen Aufgaben bis zur letzten Minute und gibt dann Alarm. Das ist vollkommen überflüssig. Es gibt bessere Möglichkeiten, in Schwung zu kommen, als dieses Stresshormon. Ihr innerer Freund nennt Sie Ihnen gerne, falls Sie sie vergessen haben.

Aber alle Tipps zur Entspannung, Optimierung Ihrer Umgebung oder effektiveren Aufgabenerledigung werden Ihnen wenig nützen, wenn Sie an Ihren Stressgedanken festhalten. Den Zusammenhang zwischen (Stress-)Gedanken und (Stress-)Gefühlen zu erkennen und die belastenden Denkmuster und Emotionen durch hilfreichere Überlegungen und Empfindungen zu ersetzen, ist der Schlüssel zur Stressbewältigung. Halten Sie Ihre Katastrophenphantasien im Zaum und dramatisieren Sie die täglichen Ereignisse nicht. Machen Sie aus Mücken keine Elefanten und aus Elefanten keine Dinosaurier. Es geht auch anders. Man kann aus riesigen Sauriern auch kleine Elefanten und aus Elefanten winzige Mücken machen. Wie, das können Sie in meinem Buch ›Gelassenheit beginnt im Kopf‹ nachlesen.

Stress ist für die meisten zwar ein unvermeidbarer Teil des Lebens, aber zum Problem wird er erst, wenn man keinen Ausgleich dafür findet. Jeder verfügt über ein Energiekonto. Ist es gut gefüllt, fühlt man sich wohl und besitzt für Notfälle eine Reserve. Treten nun Umstände auf, die einen »nerven«, muss man sein Energiekonto angreifen. Das Wohlbefinden sinkt. Die Notfallreserve schrumpft. Das macht nichts; denn für diese Fälle ist sie ja da.

Kritisch wird es aber, wenn man immer nur von seinem Energiekonto abhebt, in den Dispokredit rutscht und schließlich das Limit erreicht. Vielleicht kennen Sie das von Ihrem Girokonto.

Das Energiekonto muss immer wieder aufgefüllt werden, indem man sich Zeit zur Erholung gönnt. Am besten ist es, das Konto regelmäßig auszugleichen. Hat man aber wirklich einmal kräftig überzogen, muss man längere Zeit einzahlen, bevor man wieder etwas abheben darf.

Wenn man ein abwechslungsreiches Leben führt, ist es leichter, das Energiekonto gut zu verwalten. Die Vielfalt setzt sich zusammen aus guten Freundschaften, einer wohltuenden Familie, einem interessanten Beruf, erfüllenden Freizeitbeschäftigungen und befriedigenden spirituellen Erfahrungen. Diese verschiedenen Bereiche stellen gewissermaßen mehrere einzelne Energiekonten dar. Wird eines dieser Konten überbeansprucht, kann man auf die anderen zurückgreifen. Mit anderen Worten: Kann man keine Kraft aus der Familie schöpfen, weil diese sich gerade zerstritten hat, wird dieser Stress durch die anderen, erfreulichen Bereiche des Lebens gemildert. Hat man Stress im Beruf, kann man sich immer noch mit Freunden treffen oder sich einer angenehmen Freizeitbeschäftigung zuwenden. Dadurch gewinnt man Abstand zum Problem. Das Energiekonto füllt sich wieder auf. Mit neuer Kraft kann man die Schwierigkeiten meistern.

Solange man über Reserven verfügt, braucht man dem Stress nicht aus dem Weg zu gehen. Erst wenn alle Energiekonten leer sind und leer bleiben, wird der Stress schädlich. Dann ist es höchste Zeit, das Leben mit Hilfe des inneren Freundes neu zu ordnen.

Je größer die Reserven dank Ausgleich und Erholung sind, desto mehr Stress kann man sich zumuten. Dann kann es sogar Spaß machen, die eigene Stärke und Widerstandsfähigkeit zu erleben.

Ziele und Spiele

Manche Menschen wissen schon am frühen Morgen nicht, was sie mit dem Tag anfangen sollen. Oder sie folgen fremden Anweisungen: in der Schule, in der Ausbildung und am Arbeitsplatz. In den Ferien, im Urlaub und als RentnerInnen langweilen sie sich dann, weil sie keine oder zu wenig eigene Ideen haben, wie sie leben wollen. Was bleibt ihnen in diesem Fall anderes übrig, als die Zeit totzuschlagen: ein hässlicher, aber zutreffender Ausdruck für ungelebtes Leben.

Diejenigen, die freundlich mit sich umgehen, haben dagegen Ziele, und zwar alle möglichen: für den heutigen Tag, diese Woche, dieses Wochenende, dieses Jahr, über das Jahr hinaus, manchmal sogar über dieses Leben hinaus. Ihre Ziele beziehen sich auf alle Lebensbereiche, unter anderem auf (berufliche) Aufgaben, Finanzen, Freundschaften, persönliche Weiterentwicklung und Spiritualität.

Diese Menschen haben irgendwann den roten Faden in ihrem Leben gefunden, sei es bereits in jungen Jahren oder erst später. Sie wissen, was sie wollen, und lassen sich nicht davon abbringen. Sie mögen Umwege oder Irrwege gehen. Aber sie kehren immer wieder zu den Themen ihres Lebens zurück.

Es kommt nicht einmal darauf an, die selbst gesetzten Ziele auch wirklich zu erreichen. Viel wichtiger ist es, dass sie dem Leben Richtung, Sinn und Struktur geben. Reizvolle Ziele anzustreben entspricht eher einem Spiel. Man spielt, um Spaß am Tun zu haben. Das Erreichen des Ziels bedeutet das Ende des Spiels. Man muss ein neues beginnen. Nimmt man das Spiel zu ernst, wird es zur Arbeit. Wer es allerdings überhaupt nicht ernst nimmt, ist ebenfalls ein Spielverderber. Zwei feine Linien trennen das Spiel also von mühsamer Arbeit und lustloser Spielerei.

Ohne Ziele gibt es keinen Anlass, mit dem Spiel zu beginnen. Sieht man aber nur das Ziel, versäumt man den Spaß, der auf dem Weg zum Ziel möglich ist. Schwierigkeiten und Hindernisse sind kein Grund zur Verzweiflung. Sie geben dem Spiel die willkommene Würze. Stellen Sie sich ein Spiel ohne Herausforderungen vor! Es wäre nur der halbe Spaß.

Sie können also Anstrengung und Langeweile aus Ihrem Leben verbannen, indem Sie für die verschiedenen Bereiche Ihres Lebens reizvolle Ziele finden und sie auf spielerische Weise anstreben.

Eine Arbeit, die Spaß macht

Wie freundlich gehen Sie beruflich mit sich um? Bei der Wahl und Ausübung ihres Berufs haben viele ihren inneren Freund besonders nötig.

Eltern raten ihren Kindern oft, eine Arbeit zu ergreifen, die vor allem gut bezahlt ist, nach dem Motto: Es mache sowieso alles keinen Spaß. Deshalb sei die Hauptsache, dass der Job gut bezahlt werde.

Die Medien melden regelmäßig, in welchen Branchen die Berufschancen noch oder gerade mal wieder gut sind. Für manche ist die Nachfrage auf dem Arbeitsmarkt das entscheidende Kriterium ihrer Berufswahl: Ich mache das, was die Arbeitgeber zur Zeit verstärkt anbieten.

Auf den ersten Blick mag es vernünftig aussehen, seinen

Beruf nach Bezahlung und Berufschancen auszusuchen. Auf den zweiten Blick erweist sich diese Vorgehensweise aber als kurzsichtig.

Die Bezahlung kann niemanden dafür entschädigen, 40 bis 50 Stunden in der Woche mit einem ungeliebten Job zu verbringen. Schon nach ein paar Monaten oder Jahren wird man sich wie in einem goldenen Käfig fühlen. Dann zählt man nur noch die Jahre bis zur Rente.

Und die Berufschancen? Die ändern sich ständig. Der Arbeitsmarkt ist keine feste Größe. Berufe, die heute gefragt sind, können schon morgen ins berufliche Aus führen. Mal werden hier Leute gebraucht, mal dort. Drucker, Bäcker, Sparkassenangestellte: Das waren früher krisenfeste Jobs. Und heute? In den meisten anderen Berufen sieht es genauso aus. Bis man die Ausbildung abgeschlossen hat, kann der Markt für die zuvor so dringend benötigte Tätigkeit bereits wieder dicht sein. Realistischer ist es, heute von zwei, drei Berufswechseln im Leben auszugehen.

»Arbeit muss sein, um Geld zu verdienen. Das wirkliche Leben beginnt nach Feierabend!« Wer sagt so etwas? Doch nur diejenigen, die beruflich in der Sackgasse stecken, weil sie den falschen Beruf gewählt oder immer die falschen Firmen ausgesucht haben. Frustrierte reden gerne mit anderen Frustrierten. So bestätigen sie sich gegenseitig in ihrer (irrigen) Annahme: »Macht doch sowieso alles keinen Spaß!«

Die Berufswahl nach Verdienstmöglichkeiten hat übrigens noch einen anderen trügerischen Aspekt. Gute oder schlechte Arbeitseinkommen werden zu oft verallgemeinert. Glauben Sie, dass man mit Kunst Geld verdienen kann? Nun, Pablo Picasso, Gerhard Richter und Andy Warhol konnten es. Lohnt es sich finanziell, Bücher zu schreiben? Für Agatha Christie, Joanne Rowling und Astrid Lindgren ja. Kann man als Koch ein Vermögen verdienen? Paul Bocuse konnte es.

Andererseits hat es natürlich immer auch arme KünstlerInnen, SchriftstellerInnen und KöchInnen gegeben. ÄrztInnen, RechtsanwältInnen und UnternehmerInnen verdienen durchaus sehr gut. Aber nicht alle. Manche kommen gerade so über die Runden. Sie sehen: Man kann in jedem Beruf reich oder arm werden, gut oder schlecht verdienen. Daher sollte man sich lieber nicht allein von den Einkommensmöglichkeiten leiten lassen. Wichtigere Faktoren beim beruflichen Erfolg sind das Talent, der Ehrgeiz und das Glück.

Da man also in jedem Beruf reüssieren oder scheitern kann, kann man sich auch gleich für das entscheiden, was man gerne tut und was einem liegt. Mit seinen Lieblingsbeschäftigungen kann man in der Regel auch Geld verdienen. Man muss nur auf die richtige Idee kommen, wie. Viele warten ungeduldig auf den Feierabend, um dann endlich das tun zu können, was sie wirklich interessiert. Warum aus den wahren Interessen nicht einen Beruf machen?

Wer wird in seinem Beruf wohl eher erfolgreich sein? Derjenige, der immer nur so viel tut, wie er unbedingt muss, oder der, der Spaß an seinem Beruf hat und sich mehr damit beschäftigt, als der Dienstplan vorsieht?

Falls Sie mit Ihrer Arbeit nicht zufrieden sind, sollten Sie sich so schnell wie möglich nach einem anderen Beruf oder einem anderen Arbeitgeber umsehen. Auch die Möglichkeit, sich beruflich selbstständig zu machen, sollten Sie gründlich prüfen. Ich weiß aus eigener Erfahrung, dass das nicht einfach ist, kann Ihnen aber versichern, dass es sich lohnt.

Gibt es ein Kriterium, mit dem man herausfinden kann, ob man den richtigen Beruf gefunden hat? Vielleicht steckt es in dem Zitat des amerikanischen Schauspielers Bob Hope (1903–2003), der zu einem Kollegen in einem Gespräch über seine Gagenforderungen gesagt haben soll: »Sag ihnen bitte nicht, dass ich es auch umsonst tun würde.«

Das Hohelied des selbstständigen Lebens

Selbstständigkeit ist eine wichtige Voraussetzung dafür, dass man freundlich mit sich umgehen kann. Solange man als Anhängsel anderer Personen lebt, geben diese den Ton an. Die bekannteste Version davon ist das Sprichwort: Wes Brot ich ess, des Lied ich sing. Angestellte müssen die Ziele des Unternehmers verfolgen und ihre eigenen zurückstellen. Kinder müssen nachgeben, wenn die Eltern etwas von ihnen verlangen. Sie haben keine echte Wahl.

Verstehen Sie das bitte richtig. Natürlich kann man auch in abhängigen Verhältnissen freundlich mit sich sprechen, so wie ich es im Kapitel »Eine freundliche innere Stimme entwickeln« beschrieben habe. Hier geht es jedoch um das Verhalten. Solange man innerlich und äußerlich von anderen abhängig ist, werden früher oder später Situationen auftreten, in denen man die eigenen Bedürfnisse nicht erfüllen kann, also im hier gemeinten Sinn nicht freundlich mit sich umgehen kann.

Beispiel: Obwohl man sich schon lange auf seinen Urlaub

gefreut hat, streicht der Chef ihn im letzten Moment. Die Gründe dafür sind nicht einzusehen. Wollte man trotzdem in Urlaub fahren, müsste man schon das Arbeitsverhältnis riskieren.

Anderes Beispiel: Nachdem die beiden Kinder schulpflichtig geworden sind, möchte die Ehefrau wieder arbeiten gehen. Der Ehemann unterstützt ihre Pläne nicht. Um den Streit nicht eskalieren zu lassen, verzichtet die Ehefrau auf ihren Wunsch, obwohl er ihr viel bedeutet.

Zwar gibt es keine absolute Unabhängigkeit. Die unvermeidlichen Abhängigkeiten spürt jeder ab und zu. Etwas anderes ist es jedoch, wenn jemand sein Leben durch vermeidbare Abhängigkeiten einschränkt. Bei einem erwachsenen Menschen halte ich das für eine unpassende Situation.

Man selbst ist die einzige Person, die immer bei einem ist, von der Geburt bis zum Tod. Deshalb sollte man in der Lage sein, seine wichtigsten Bedürfnisse selbst zu erfüllen. Ohne innere und äußere Selbstständigkeit ist das unmöglich.

Viele erkennen die Bedeutung der Unabhängigkeit für die Selbstliebe nicht, streben nicht genügend danach oder geben sie leichtfertig wieder auf. Oft fürchten sie sich davor, allein zu sein. Die Angst vor Einsamkeit und Isolation lässt sie alle Wünsche der anderen, auch unberechtigte Forderungen, akzeptieren. Dieser Preis ist zu hoch, vor allem weil er nicht gezahlt werden müsste. Niemand ist allein. Abenteurer wie der Survival-Spezialist Rüdiger Nehberg haben größte Schwierigkeiten, überhaupt noch Gebiete auf der Welt zu finden, die von der menschlichen Zivilisation unberührt sind. Die Versorgungs- und Kommunikationsnetze der Menschen sind mittlerweile so dicht, dass man nur mit Mühe ganz allein sein kann, selbst wenn man dies will. Einsamkeit und Isolation beruhen auf inneren Einstellungen und nicht auf den äußeren Umständen. Wer wirklich darunter leidet, kann entsprechende Hilfe finden. Aber selbst dafür muss man sich öffnen, und dazu ist nicht jeder bereit.

Die Angst vor Einsamkeit und Isolation muss niemanden davon abhalten, die Abhängigkeit der Kindheit hinter sich zu lassen. Selbstständigkeit kann man lernen. Wie alles Lernen ist es manchmal mühsam und unbequem. Das ist der Preis, den man dafür zahlen muss. Er ist aber erheblich niedriger als der für ein Leben in Abhängigkeit.

Männer mögen es aufgrund ihrer Einstellung häufig nicht, zu kochen, zu putzen, Lebensmittel einzukaufen, emotional bedeutungsvolle Beziehungen einzugehen, zu dienen, für Schönheit und Behaglichkeit zu sorgen. Frauen haben – ebenfalls aufgrund ihrer Einstellung – oft Hemmungen, ihre Gleichberechtigung zu verwirklichen, einen gerechten Lohn für ihre Arbeit zu fordern, sich durchzusetzen, allein etwas zu unternehmen, ihre Meinung zu sagen und Männern zu zeigen, dass sie manchmal klüger und kompetenter sind als diese.

Zum Glück ändert sich das. Immer mehr Männer lernen, für sich selbst zu sorgen, und immer mehr Frauen setzen sich in der Berufswelt durch. Anders als manche befürchten, ist das nicht das Ende der Beziehungen. Im Gegenteil: Es erlaubt Begegnungen auf Augenhöhe.

Der beste Rat, den ich Ihnen an dieser Stelle geben kann, lautet daher: Lernen Sie, innerlich und äußerlich unabhängig zu sein. Es lohnt sich.

EINLADUNG ZUM NACHDENKEN

Wir leben in einer Zeit der Reizüberflutung. Eine Information jagt die nächste. Deshalb möchte ich Sie bitten, sich einen Moment Zeit zu nehmen und dieses Kapitel zu überdenken.
Was wollen Sie sich von dem Gelesenen merken? Wie werden Sie es nicht wieder vergessen?
Was wollen Sie tun, um in Zukunft noch freundlicher mit sich umzugehen?

EINE LIEBEVOLLE UMGEBUNG FINDEN

Wir erschließen uns das Thema der Selbstliebe in immer größeren Kreisen. Zunächst haben wir uns damit befasst, eine freundliche innere Stimme zu entwickeln. Das liebevolle Selbstgespräch findet in uns statt, in dem Raum, der uns am nächsten ist.

Danach haben wir uns mit dem Körper, der Kleidung und dem Verhalten beschäftigt. Sieht man den inneren Raum als das Zentrum an, dann ist der Körper der erste Kreis, der es umgibt. Die Kleidung ist der zweite. Mit dem Verhalten, das der Körper widerspiegelt, bringen wir unsere Gedanken zum Ausdruck.

Jetzt wenden wir uns den weiteren Kreisen zu: der Wohnung, dem Arbeitsplatz, dem Wohnort sowie den Menschen, Tieren und Pflanzen, die uns umgeben.

My home is my castle

Ein guter Freund würde einen nicht in einer heruntergekommenen, unbehaglichen Wohnung wohnen lassen. Es ist ein Gebot der Selbstliebe, eine Wohnung zu finden und einzurichten, in der man sich wohlfühlen kann.

Die Wohnung ist Ausdruck des Selbst. Man spiegelt sich in seiner Umgebung. Angeblich war das Bett der zentrale Platz im Schloss Ludwigs XIV. Das sagt eine ganze Menge über ihn aus. Ein Musikliebhaber besitzt Regale voller Schallplatten, CDs und so weiter. Wer Katzen mag, umgibt sich mit einer kleineren oder größeren Anzahl dieser schönen Tiere. Für ambitionierte Hobbyköche spielt die Ausstattung der Küche eine besondere Rolle. Sie besitzen möglicherweise zwei oder drei verschiedene Herde, ein umfangreiches Sortiment an Pfannen und Kochtöpfen sowie eine ordentliche Gewürzsammlung und ein Bord mit vielen Kochbüchern. Diejenigen, die großen Wert auf ihre Kleidung legen, werden mehr Platz für ihre Sachen brauchen als die, die mit zwei Bluejeans und ein paar Pullovern auskommen. In mancher Junggesellenbude wird man nicht mehr finden als einen Sessel, einen Tisch, ein Bett, einen Kasten Bier und eine Stange Zigaretten.

Im Rahmen der Rücksichtnahme auf die Nachbarn kann heute jeder wohnen, wie er oder sie will. Man braucht keine gute Stube mehr, die nur für Besucher und an Festtagen geöffnet wird. Auch die strikte Einteilung in Schlaf- und Wohnzimmer gehört der Vergangenheit an. Futons und andere Mehrzweckmöbel erlauben ein flexibleres Wohnen. Man richtet sich so ein, wie man mag.

Einerseits spiegelt sich die innere Einstellung in der Wohnung. Andererseits wirkt sie auf ihre Bewohner zurück. Eine Wohnung kann einen einengen oder Spielraum geben. Dunkle, kalte, feuchte Wohnungen können einen Menschen deprimieren. Sonnendurchflutete, behagliche Räume steigern das Wohlbefinden.

Auch die Nachbarn wirken sich bis zu einem gewissen Grad auf das eigene Befinden aus. Empfindsame Menschen spüren möglicherweise positive und negative Schwingungen in ihrem Wohnhaus. Um es weniger esoterisch zu sagen: Nachbarn können einem buchstäblich »auf dem Kopf herumtrampeln« (hellhörige Häuser, Altbauten). Oder man lebt im Streit mit seinen Nachbarn. Dann kann bereits die Möglichkeit, die Kontrahenten im Treppenhaus zu treffen, nerven.

Manche wollen die Welt verändern. Die Wohnung ist ein guter Ort, damit zu beginnen. Hier kann man die eigenen Vorstellungen leicht verwirklichen und zeigen, was in einem steckt. Es ist ein privater, eigener Raum.

Einige sehen die Wohnung als ihre Fluchtburg, als einen Ort, an den sie sich zurückziehen und die Welt hinter sich lassen können. Für andere ist sie ein Treffpunkt mit FreundInnen. Sie bevorzugen ein offenes Haus und laden gern andere ein, um gemeinsam zu essen, miteinander zu reden und zu feiern.

So oder so: Die Wohnung kann ein Ausdruck der inneren Freundschaft sein.

Feng Shui

Bei dem Bestreben, eine Umgebung aufzubauen, in der man sich wohlfühlt, ist die chinesische Kunst des Feng Shui sehr hilfreich. Feng Shui ist eine hoch entwickelte Philosophie zur Harmonisierung der Wohnungseinrichtung, der Hausarchitektur und der Landschaftsgestaltung. Sie ist dadurch entstanden, dass Menschen die Natur und ihre nähere und fernere Umgebung sorgfältig beobachtet haben. Dabei haben sie Gesetzmäßigkeiten erkannt, die Gebäude außen und innen erfüllen müssen, um sich im Einklang mit der Natur zu befinden. Wird diese allseitige Harmonie erreicht, macht sich dies durch ein spürbares Wohlbefinden beim Anblick solcher Wohnungen und Häuser und beim Leben und Arbeiten in ihnen bemerkbar. Disharmonische Gebäude stören das menschliche Empfinden.

Die Kunst des Feng Shui ist nicht auf die chinesische Kultur beschränkt. Überall auf der Welt haben aufmerksame Menschen dieselben Prinzipien entdeckt. In Griechenland wurde schon in der Antike das Maß des Goldenen Schnitts erkannt, das der Natur immanent ist und als angenehm und ideal empfunden wird. Griechische Tempel wurden nach diesem Maß gebaut. Da es der Natur entlehnt ist, ist es zeitlos und universell. Daher gelten diese Bauten auch heute noch als besonders schön.

In Deutschland haben Architekten behauptet, dass nach dem Krieg beim Wiederaufbau mehr zerstört wurde als im Krieg. Das ist mit Sicherheit übertrieben, weist aber darauf hin, dass bis in die Siebzigerjahre des vorigen Jahrhunderts weit verbreitet ohne jede Rücksicht auf bewährte Proportionen gebaut wurde. In vielen Städten findet man heute die Bausünden aus dieser Zeit. Autobahnen wurden teilweise brutal durch die schönsten Landschaften gezogen. Bisweilen sogar auf Betonstelzen gesetzt, verschandeln sie bis in die Gegenwart hinein ganze Naturparadiese.

Kongresszentren, Trabantenstädte und andere Steinwüsten sind weitere Beispiele dieser Architektur, die sich um

Harmonie nicht gekümmert hat. Die Bewohner solcher Gebäude und Gegenden fühlen sich dort nicht selten so unwohl, dass sie schnell wieder das Weite suchen.

Selbst Stararchitekten haben Gebäude geschaffen, die erst viel Aufmerksamkeit auf sich zogen, später aber wieder abgerissen werden mussten, weil niemand auf Dauer darin wohnen wollte.

Man kann diese misslungenen Bauten nicht alle von heute auf morgen beseitigen. Aber jeder, der es gut mit sich meint, wird nach Umgebungen suchen, die Harmonie ausstrahlen. Viele Stadtviertel und Landschaften sind intakt und erlauben ein angenehmes Wohnen.

In Skandinavien wird das behagliche Wohnen bereits in den Schulen unterrichtet. Harmonie und Schönheit kann man lernen.

Zahlreiche Bücher, Zeitschriften und Kurse informieren über die Prinzipien, die zu einer gelungenen Gestaltung der unmittelbaren Umgebung gehören. Der wichtigste Maßstab dabei ist das eigene Wohlbefinden. Schon Kleinigkeiten bewirken einen großen Unterschied.

Stadt, Land, Fluss

Wenn Sie die Wahl hätten, in welcher Stadt und in welchem Land würden Sie am liebsten leben?

Eine Stadt oder ein Land kann man sich nicht aufbauen wie eine Wohnung oder ein Haus. Allerdings kann man dorthin ziehen, wo man sich am wohlsten fühlt.

Die Notwendigkeit, den Wohnsitz zu wechseln, besteht

öfter, als man vielleicht auf den ersten Blick meint, und zwar nicht nur aus beruflichen Gründen, sondern auch der Gesundheit und des Wohlbefindens zuliebe. Wer unter Asthma oder Allergien leidet, ist unter Umständen auf Gegenden angewiesen, die ein beschwerdefreies Leben zulassen. Auch kommt es vor, dass am Äquator tätige Kaufleute oder Diplomaten feststellen, dass sie nicht tropentauglich sind. Das für unser Empfinden extreme Klima in tropischen Gegenden mit großer Hitze und hoher Luftfeuchtigkeit ist nicht jedermanns Sache. Manche wiederum vertragen den Föhn nicht, der im Alpenvorland zu schnellen Luftdruckveränderungen führt. Sie leiden dann unter Kopfschmerzen oder Kreislaufbeschwerden.

Für die meisten hängt das Wohlbefinden jedoch weniger von der Region ab, in der sie leben. Die Beziehungen zur Familie und zu FreundInnen sowie ihre beruflichen Möglichkeiten sind im Allgemeinen wichtiger.

Trotzdem kann es sich lohnen, über die Frage nachzudenken, ob man sich dort wohlfühlt, wo man wohnt. Ein Umzug in andere Städte oder Länder ist heute ganz alltäglich. Die Mobilität der Menschen hat in den letzten Jahrzehnten enorm zugenommen. Auslandsaufenthalte zählen heute für viele junge Menschen zu den normalen Erfahrungen ihrer Ausbildung oder Berufstätigkeit. Die Notwendigkeit, Geld zu verdienen, lässt sich immer besser mit den persönlichen Vorlieben verbinden, die man in Bezug auf seinen Wohnort hat.

Nicht zuletzt durch den wachsenden Zusammenschluss der europäischen Länder wird es immer leichter, nach Belieben am Mittelmeer oder in den Schneegebieten Skandinaviens zu leben. Derartige Möglichkeiten, die Landschaft und das Klima zu wechseln, waren vorher nur aus den USA bekannt. Deshalb muss es kein Traum mehr bleiben, in einer anderen Stadt oder einem anderen Land zu wohnen.

Menschen, Tiere, Schrankwände

Die Wahl des Ortes, an dem man am liebsten wohnt, hängt zu einem großen Teil damit zusammen, ob man mit den Menschen klarkommt, die dort leben. Gelegentlich hört man von Rheinländern, die sich in Norddeutschland nicht wohlfühlen und umgekehrt von Friesen, die am Rhein nicht richtig heimisch werden. Man muss das Temperament und die Eigenarten der Leute in der jeweiligen Umgebung mögen. Dies ist ein Punkt, den man bei der Wahl einer angenehmen, liebevollen Umgebung an eine der vordersten Stellen setzen sollte.

Wenn man nicht gerade in ein Haus zieht, in dem der Eigentümer die Haltung von Tieren untersagt, kann man ohne größere Umstände mit Hunden, Katzen, Goldhamstern, Vögeln, Fischen und anderen Haustieren zusammenleben. Möchte man in nächster Nähe von Pferden, Kühen oder Ziegen leben, bietet sich ein Leben auf dem Bauernhof an. Allerdings müssen die Temperamente und Eigenarten von allen wirklich zusammenpassen, wenn es eine harmonische Gemeinschaft werden soll. Beispielsweise wird man an Hunden mit einer starken Dominanz nur dann Freude haben, wenn man selbst eine noch stärkere Persönlichkeit besitzt.

Was Pflanzen – oder allgemeiner: die (grüne) Natur – angeht, so ist das Bedürfnis der Menschen danach sehr unterschiedlich. Die einen fühlen sich sogar in Steinwüsten recht wohl, die anderen brauchen zumindest einen Park in ihrer Nähe oder leben am liebsten außerhalb von Städten, mit vielen Tieren und Wäldern um sich herum.

Freundschaft mit sich selbst bedeutet unter anderem, sich darüber klar zu werden, wen und was man in seiner näheren Umgebung braucht. Man kann in der Provinz unter dem Mangel an Theatern, Museen und Bars genauso leiden wie in den Großstädten an der fehlenden Natur. Auf Dauer wird man so nicht glücklich.

Ungezählt sind auch die Menschen, die schon einmal unter einer Schrankwand gelitten haben. »Du kannst doch nicht Opas selbst getischlerten Eichenholzschrank wegwerfen«, bekamen sie zu hören. Manche haben sich ihre hässliche Schrankwand aber auch selbst zugefügt.

Glücklicherweise ist es in diesem Fall nicht allzu schwer, für Abhilfe zu sorgen. Das Angebot von Möbeln, egal ob bei einem schwedischen Möbelhaus, auf dem Flohmarkt oder im Antiquitätengeschäft, ist riesig. Für jeden Geldbeutel müsste eigentlich etwas Passendes dabei sein. Ansonsten hilft nur das Selbertischlern, was dann aber wahrscheinlich dazu führt, dass irgendwann jemand ruft: »Aber du kannst doch nicht Opas selbst getischlerten Eichenholzschrank wegwerfen.«

Ihre berufliche Umgebung

Wo würden Sie am liebsten arbeiten? Es macht einen großen Unterschied, ob man seinen Beruf in einem blühenden Garten ausübt oder in einem staubigen Archiv. Nicht, dass das eine besser wäre als das andere. Man muss nur wissen, welche Umgebung einem persönlich lieber ist.

Dass das Einkommen nicht zwangsläufig vom Beruf abhängt, haben wir bereits festgestellt. Eine Tischlerin kann mehr verdienen als eine Professorin, ein Arbeiter auf einer Bohrinsel mehr als ein Tierarzt.

Auch die Umgebung ist durch den Beruf nicht automatisch vorgegeben. Ein Koch kann in einer Imbissbude, einem First-Class-Hotel oder in seinem eigenen Restaurant arbeiten. Eine Verkäuferin kann in einem Kaufhaus, an einem Wochenmarktstand oder in einem Designergeschäft in der City tätig sein.

Wer ein eigenes Unternehmen gründet, kann seine Umgebung noch stärker selbst bestimmen. Das betrifft den Standort, das Gebäude und die Gestaltung der Innenräume. Auch ihre KundInnen und MitarbeiterInnen können sich Selbstständige weitgehend selbst aussuchen.

Als Angestellter sollte man sich seinen Arbeitsplatz zeigen lassen und die zukünftigen KollegInnen kennenlernen, bevor man dort anfängt. Sonst kann man böse Überraschungen erleben.

Die berufliche Umgebung ist fast noch wichtiger als die private; denn die eigene Wohnung sieht man meist nur morgens, abends und am Wochenende.

Das liebe Geld

In gewisser Weise ist auch das Geld ein Teil unserer Umgebung. Es ist in unserer Gesellschaft das wichtigste Tauschmittel zur Erlangung von Waren und Dienstleistungen.

Die Meinungen über Geld gehen weit auseinander. Einige verachten es, weil sie glauben, es sei das größte Übel dieser Welt. Das stimmt aber nicht. Schädlich ist nicht das Geld an sich, sondern die Gier danach.

Auf der anderen Seite wird Geld oft verherrlicht. Das ist ebenso falsch. Entgegen vielfacher Behauptungen kann man Glück, Gesundheit und Freundschaft nicht kaufen. Geld macht reich, sonst nichts.

Viele glauben, es müsste großartig sein, so richtig im Geld zu schwimmen. Aber wie gesagt: Das Wichtigste im Leben, nämlich Gesundheit, Glück und Liebe, kann man mit Geld nicht kaufen. Selbstliebe auch nicht. Für die Beziehung zu Ihrem inneren Freund brauchen Sie kein Geld, kein Gold und kein Silber, wohl aber Zeit und Aufmerksamkeit.

Abgesehen von echter Geldnot – die es in unserer Gesellschaft durchaus auch gibt – ist Geldmangel oft nur eine bequeme Ausrede. Eine von vielen Ausreden, die man schnell erfindet, um anderen einen Grund zu nennen, warum man nicht so richtig glücklich sein kann.

Das 1 x 1 des richtigen Umgangs mit Geld ist leichter aufzuzählen als in die Tat umzusetzen:

- Geld verdienen
- höchstens so viel ausgeben, wie man einnimmt
- Schulden abbauen

- einen Teil sparen
- die Ersparnisse gewinnbringend anlegen.

Anstatt Geld zu verdienen, kann man auch reich heiraten, eine hohe Erbschaft machen, sich ein Vermögen schenken lassen oder in der Lotterie den Hauptgewinn ziehen. Sie sehen: alles leichter gesagt als getan.

Möchten Sie in kurzer Zeit Millionärin werden? Die Zauberformel dafür lautet: Man nehme viel Geld und lege es sehr, sehr günstig an. Zinssätze von 10 % gelten unter Experten als lächerlich niedrig. Was auch stimmt. Wenn Sie, sagen wir, 25 Millionen Euro mitbringen, bieten Ihnen etliche Banken garantiert mehr als die üblichen niedrigen Zinsen. Oder machen Sie es wie Bill Gates und die Ölscheichs. Eine kleine Erfindung oder im Garten nach Bodenschätzen graben und schon geht die Post ab.

Nein, im Ernst: Es gibt keine Zauberformel und keine großen Geheimnisse. Die oben genannten Grundsätze sind eigentlich alles, was man im Umgang mit Geld wissen muss. Man kann äußerlich reich sein: an Juwelen, Schlössern und Milliarden. Oder innerlich: an Glück, Gelassenheit und Liebe. Selten geht beides zusammen und leider haben die meisten beides nicht. Ihr innerer Freund kann Ihnen zu Selbstliebe, Glück und Seelenfrieden verhelfen. Millionen kann er Ihnen nicht garantieren, aber zumindest die Fähigkeit, mit Ihrem Einkommen auszukommen.

Ein Paradies auf Erden

Indem Sie eine freundliche innere Stimme entwickeln, sich Gutes tun und eine angenehme Umgebung aufbauen, schaffen Sie sich ein Paradies auf Erden. All diese Aktivitäten zusammengenommen haben das Potenzial, Ihr Wohlbefinden in einem Ausmaß zu steigern, das Sie vorher nicht für möglich gehalten haben.

Trotzdem ein Wort zur Warnung: Sie schaffen sich ein Paradies auf Erden, nicht im Himmel. Auf der Erde herrschen die Gesetze der Schwerkraft. Das sagt eigentlich schon alles. Vollkommen mühelos werden Sie Ihre Ziele nicht erreichen. Auch wird nicht alles die ganze Zeit wunderbar sein.

Es bleibt immer noch Raum für Verbesserungen. Das bedeutet, dass Sie sich Ihren Idealen nur annähern können, ohne sie jemals zu erreichen. Das liegt in der Natur der Sache. Man kann sich alles – sich selbst, die anderen und die Welt – immer noch ein bisschen besser vorstellen, als es ist. Das ist sogar gut so; denn sonst gäbe es nichts mehr zu tun. Ständig auf Wolke sieben zu schweben, könnte ziemlich langweilig werden.

Kennen Sie den Spruch »You can't save the world but it's fun to try« (Man kann die Welt nicht retten, aber es macht Spaß, es zu versuchen)? Dieser Satz kann dreierlei bedeuten: 1. Die Welt müsste gerettet werden, aber wir sind machtlos. 2. Die Welt ist überhaupt nicht in Gefahr. Wir glauben nur, sie sei es. Eine Rettung ist deshalb völlig unnötig. 3. Die Welt ist zwar in Gefahr, aber sie kann sich alleine helfen. Sie ist auf uns Menschen nicht angewiesen. In unserem Größenwahn glauben wir, wir, DIE MENSCHEN, könnten die Welt zerstören. So wie wir früher dachten, die Erde sei das Zentrum des Universums. Jetzt glauben wir, wir seien dabei, die Erde zu vernichten, und müssten sie retten. Eher müssten wir wohl uns selbst retten. Die Erde wird möglicherweise uns vernichten, wenn wir so weitermachen wie bisher, aber kaum umgekehrt.

Mir gefällt die spielerische Note des Spruchs »You can't save the world but it's fun to try«. Mit derselben Leichtigkeit sollten Sie an die Optimierung Ihrer eigenen Welt herangehen. Ihre Umgebung wird kein Paradies werden, aber es kann Spaß machen, es zu versuchen.

EINLADUNG ZUM NACHDENKEN

Bob Dylan hat es in einem seiner Songs treffend so ausgedrückt: »Well, the moral of the story, the moral of this song, is simply that one should never be where one does not belong«, kurz: dass man niemals dort sein sollte, wo man nicht hingehört.

Was möchten Sie aus diesem Kapitel behalten? Was werden Sie konkret tun, um sich eine angenehmere Umgebung zu schaffen?

ANDEREN EIN FREUND SEIN

Sich selbst ein Freund zu sein, ist nicht immer einfach. Noch schwieriger erscheint es, andere zu lieben. Besonders wenn die Nächstenliebe als Gebot daherkommt: »Liebe deinen Nächsten!« Ich glaube nicht, dass Liebe sich befehlen lässt. Mit moralischen Liebesgeboten kommt man nicht weiter.

Wenn es die anderen einem doch nur nicht so schwer machen würden. Statt sich so zu verhalten, wie man es gerne möchte, tun sie, was sie wollen. Sie halten Vereinbarungen nicht ein, suchen ihren eigenen Vorteil und reden schlecht über einen. Nicht ständig, aber doch so oft, dass man sich wiederholt ärgert. Und da soll man anderen auch noch ein Freund sein?

Wenn es eine Frage des Sollens wäre, wäre es besser, die Sache aufzugeben. Aber glücklicherweise ist die Liebe ein Kind der Freiheit. Man muss niemanden lieben. Aber es besteht die Möglichkeit dazu, selbst dann, wenn andere es einem nicht leicht machen.

Ein purer Akt der Selbstliebe

Lassen Sie mich zuerst auf die Mythen über Liebe zurückkommen. Im Zusammenhang mit Liebe wird viel zu oft über Selbstlosigkeit gesprochen. Selbstlosigkeit ist ein Mythos. Liebe erfordert keine Opfer und kein Leiden. Im Gegenteil: Wenn man leidet, ist es keine Liebe. Es mag dann Verlangen, Gier, Sucht, Verzweiflung, Selbstbestrafung oder Anhedonie (die Unfähigkeit zur Freude) dahinterstecken. Mit Liebe hat es jedenfalls nichts zu tun.

Dass Selbstlosigkeit missverstanden wird, lässt sich vielleicht am besten am Beispiel von Mutter Teresa (1910–1997), Gründerin des Ordens »Missionarinnen der Nächstenliebe« und Friedensnobelpreisträgerin, verständlich machen. Auf den ersten Blick könnte ihr Werk, die Betreuung der Ärmsten der Armen in Indien in den Stunden schwerster Krankheit und des Sterbens, als höchste Form selbstloser Hilfe erscheinen. Aber gerade Mutter Teresa hat immer wieder zum Ausdruck gebracht, wie viel Dankbarkeit und tiefe Freude sie empfand, diese leidenden Menschen unterstützen zu können. Das heißt, ihre Motive waren Mitgefühl und persönliches Glück. Auch wenn ihr Leben als Nonne und Missionarin einigen wie ein Opfer vorkommen mag, so war es in ihren Augen ein erfülltes Leben. Ihre Arbeit machte sie glücklich. Wohl nichts anderes hätte sie so zufrieden gestimmt wie die Betreuung dieser Kranken und Sterbenden. In ihrem Beruf haben sich persönliches Glück, große innere Zufriedenheit und eine sie erfüllende Tätigkeit auf wunderbare Weise mit dem Nutzen für bedürftige Menschen verbunden. Dass dieses Tun nicht auf ihre Kosten ging, schmälert ihr Lebenswerk in keinster Weise, sondern erhöht es noch. Selbstliebe, nicht Selbstlosigkeit, und Nächstenliebe gingen hier Hand in Hand.

Es wäre am besten, auf den nur Missverständnisse weckenden Begriff der Selbstlosigkeit ganz zu verzichten. Als Gegensatz zum Egoismus taugt er nicht.

Man kann stattdessen zwei Formen des Egoismus unterscheiden. Die eine ist durch Rücksichtslosigkeit gekennzeichnet und macht niemanden glücklich. Sie ist reine Machtausübung. Für den Schaden ist nicht der Egoismus an sich, sondern die Rücksichtslosigkeit verantwortlich.

Die andere nennt man gesunden Egoismus. Sie beinhaltet ein Streben nach Glück, ist harmlos, die Nebenwirkung oft sogar wohltätig. Nächstenliebe schließt gesunden Egoismus – wie im Fall von Mutter Teresa – nicht aus. Sie ist immer begleitet von Glück und Freude.

Was von einigen als Selbstlosigkeit missdeutet wird, beginnt mit der Fähigkeit, sich in andere Menschen hineinversetzen zu können. Dabei stellt man fest: »Ich bin so ähnlich wie jener.« »Ich habe das auch schon erlebt.« »Das könnte mir auch passieren.« Der Ärger über die Eigenwilligkeit und die Fehler von anderen Menschen weicht der Erkenntnis: »Ich bin auch nicht perfekt, mache auch Fehler.« »Genau wie die, über die ich mich im ersten Moment ärgere, suche auch ich meinen Vorteil.« »Auch ich mache, was ich will, rede gelegentlich schlecht über andere und halte Verabredungen nicht immer ein.« Durch diese Betrachtungen entsteht Nachsicht. Man urteilt weniger streng, nicht zuletzt deswegen, weil man im umgekehrten Fall für die eigenen Fehler auch nicht verdammt werden möchte.

Kennen Sie das Märchen ›Der alte Großvater und der Enkel‹ der Gebrüder Grimm? »Es war einmal ein steinalter Mann, dem waren die Augen trüb geworden, die Ohren taub, und die Knie zitterten ihm. Wenn er nun bei Tische saß und den Löffel kaum halten konnte, schüttete er Suppe auf das Tischtuch, und es floss ihm auch etwas wieder aus dem Mund. Sein Sohn und dessen Frau ekelten sich davor, und deswegen musste sich der alte Großvater endlich hinter den Ofen in die Ecke setzen, und sie gaben ihm sein Essen in ein irdenes Schüsselchen und noch dazu nicht einmal satt. Da sah er betrübt nach dem Tisch, und die Augen wurden ihm nass. Einmal auch konnten seine zitterigen Hände das Schüsselchen nicht festhalten, es fiel zur Erde und zerbrach. Die junge Frau schalt, er sagte aber nichts und seufzte nur. Da kaufte sie ihm ein hölzernes Schüsselchen für ein paar Heller, daraus musste er nun essen. Wie sie da so sitzen, so trägt der kleine Enkel von vier Jahren auf der Erde kleine Brettlein zusammen. ›Was machst du da?‹, fragte der Vater. ›Ich mache ein Tröglein‹, antwortete das Kind, ›daraus sollen Vater und Mutter essen, wenn ich groß bin.‹ Da sahen sich Mann und Frau eine Weile an, fingen endlich an zu weinen, holten alsofort den alten Großvater an den Tisch und ließen ihn von nun an immer mitessen, sagten auch nichts, wenn er ein wenig verschüttete.«

Die guten wie die schlechten Taten können einen irgendwann einholen. Das Märchen der Gebrüder Grimm ist ein sehr gutes Beispiel dafür. Die Eltern sind im Begriff, ihr eigenes Schicksal zu bauen. Als sie das begreifen, entscheiden sie sich für eine liebevolle Zukunft. Auch hier ist die Nächstenliebe letztlich ein reiner Akt der Selbstliebe.

Dasselbe in Grün

Die Fähigkeiten, die man für die Selbstliebe braucht, sind dieselben, die man benötigt, um anderen ein Freund zu sein.

Eine freundliche innere Stimme entwickeln, das heißt an dieser Stelle, wohlwollend über andere zu denken, positiv über sie zu sprechen, erst recht, freundlich mit ihnen zu reden und sie gut zu behandeln.

Es hängt weitgehend vom guten Willen ab, ob man sich tatsächlich so verhält. Was die anderen einem erzählen und was man über sie hört, kann man mit Wohlwollen interpretieren oder aber mit Gehässigkeit. Ist Ihnen auch schon einmal aufgefallen, dass man bestimmten Leuten alles negativ auslegt? Diese können machen, was sie wollen, man findet immer einen Dreh, es negativ zu bewerten.

Familienmitgliedern und FreundInnen, die einem lieb sind, legt man dagegen grundsätzlich alles zum Guten aus. Man entschuldigt ihre Fehler und freut sich mit ihnen über ihre Erfolge.

Will man auch fernstehenden, vielleicht sogar bisher ungeliebten Menschen ein Freund sein, müsste man nur ihre Schwächen ebenso milde beurteilen und ihre Stärken genauso positiv bewerten wie die der geschätzten Personen.

Wir kennen nicht einmal uns selbst in allen Einzelheiten. Sonst müssten wir uns nicht manchmal über uns wundern. Umso weniger wissen wir über andere. Wir lesen viel in sie hinein. Mit unserer Phantasie füllen wir die lückenhaften Bilder von ihnen auf. Deshalb kann man zu Recht sagen, dass wir die anderen nicht so sehen, wie sie sind, sondern wie wir sind. Sowohl positive als auch negative Vorurteile bestimmen unser Denken über unsere Mitmenschen.

Wie stark wir mit unseren Gedanken und Reaktionen die anderen beeinflussen, ist uns ebenfalls kaum bewusst. Wenn wir beschließen, jemanden nicht zu mögen, ändert sich unsere Körpersprache entsprechend. Obwohl wir nichts sagen, bringen wir unsere Antipathie doch zum Ausdruck, nur eben nonverbal. Mit der Haltung sowie unseren Bewegungen und Gesten signalisieren wir die Ablehnung, die wir empfinden. Auch mit dem Gesichtsausdruck zeigen wir, dass wir den anderen nicht leiden können. Die vielsagende Körpersprache lässt sich kaum unterdrücken. Wir sind uns dessen nur wenig bewusst. Unser Gegenüber reagiert jedoch auf unsere Körpersprache und antwortet seinerseits reserviert. In aller Unschuld glauben wir jedoch, nichts zu seiner Reaktion beigetragen zu haben.

Ganz anders geben wir uns gegenüber Leuten, die wir mögen. Unsere FreundInnen z. B. strahlen wir an. Wir empfangen sie mit offenen Armen. Sie reagieren darauf mit ihrer ganzen Sympathie. Wir aber denken: »Wie nett diese Menschen doch sind. Immer ein freundliches Wort auf den Lippen.« Wieder übersehen wir unseren eigenen Anteil daran.

Ein Reisender kommt in eine neue Stadt. Er fragt den Ersten, der ihm am Stadttor begegnet: »Wie sind die Leute hier?« – »Wie sind die Leute da, wo Sie herkommen?« – »Freundlich.« – »So sind die Leute hier auch.«

Ein zweiter Wanderer nähert sich der Stadt. Auch er fragt den Mann am Stadttor, wie die Leute in dieser Stadt seien. Abermals fragt der Angesprochene zurück: »Wie sind die Leute in der Stadt, wo Sie herkommen?« – »Unfreundlich.« – »Ja, so sind die Menschen hier auch«, sagt der andere wieder.

Diese Geschichte weist darauf hin, dass wir die Menschen oft so erleben, wie wir selbst gestimmt sind. Allerdings wäre es ein Fehler zu glauben, dass die anderen immer nur so reagieren, wie wir ihnen entgegentreten. Manche behandeln uns unfreundlich, obwohl wir ihnen wohlgesonnen sind. Und es gibt auch solche, die freundlich bleiben, ungeachtet der Tatsache, dass wir schlecht gelaunt sind und uns auch so verhalten.

Man kann sich in anderen sehr täuschen. Wir bilden uns zwar eine Meinung und glauben nach einiger Zeit, alles über sie zu wissen. Aber die Erfahrung zeigt, dass man mit dieser Einschätzung sehr danebenliegen kann. Immer wieder haben Personen, die in Not geraten sind, die Erfahrung gemacht, dass ihre vermeintlichen Freunde sich abgewendet haben, während andere, auf die sie vorher herabgesehen haben, ihnen ihre Hilfe angeboten haben. Ebenso ist bekannt, dass überwiegend diejenigen etwas spenden, die selbst nicht viel besitzen, während die meisten Wohlhabenden an den Bedürftigen vorbeigehen.

Als wahrer Freund denkt man über andere grundsätzlich positiv und man behandelt sie auch gut. Wenn nötig und erwünscht, hilft man ihnen mit Rat und Tat. Die Hilfe sollte man ihnen aber keinesfalls aufdrängen. Man kann seine Unterstützung anbieten oder sich von den anderen bitten lassen. Was darüber hinausgeht, wird meist als unerwünschte Einmischung betrachtet.

Gelegentlich macht man natürlich Fehler im Umgang mit anderen. Dann entschuldigt man sich am besten und tut nicht so, als sei nichts gewesen. Fehler zu ignorieren oder herunterzuspielen, kann die Betroffenen ein weiteres Mal verletzen, es sei denn, sie haben bereits gelernt, sich selbst ein Freund zu sein und sich so gegen das Fehlverhalten ihrer Mitmenschen innerlich abzuschirmen.

Wie man zu zweit ein Kunststück vollbringt

Jede dritte Ehe in Deutschland wird geschieden, in Großstädten sogar jede zweite. Dazu kommen die Paare, die bereits hoffnungslos zerstritten sind, vielleicht sogar schon getrennt leben, aber noch nicht geschieden sind. Glücklich zusammenzuleben scheint also ein Kunststück zu sein.

Bei Freundschaften sieht es nicht besser aus. Manche halten nur ein paar Wochen, in günstigen Fällen sind es einige Jahre, selten mehr. Dabei spielt es keine Rolle, ob die Freundschaft zwischen Männern, Frauen oder einem Mann und einer Frau besteht.

Trotzdem schaffen es einige Paare lange Zeit, manchmal ein Leben lang – und dazu noch glücklich – zusammenzubleiben. Wie gelingt ihnen das?

Lassen Sie mich mit einer Geschichte beginnen, um diese Frage zu beantworten: Auf einem Marktplatz tritt vor vielen Leuten ein Artistenpaar auf. Das Kunststück, das sie den ZuschauerInnen zeigen wollen, ist an sich nicht besonders schwierig. Die Artistin soll auf den Schultern ihres Partners stehen, während er den Marktplatz langsam überquert. Der Artist macht ihr während der Vorbereitung folgenden Vorschlag: »Ich achte auf dich und du achtest auf mich. So gelangen wir sicher über den Platz.« Sie hat Bedenken: »Lass es uns anders versuchen. Während ich auf deinen Schultern stehe, achte ich auf mich, damit ich die Balance behalte, und du achtest auf dich, damit du nicht stolperst. So schaffen wir es.« Er ist einverstanden. In der Tat gelangen sie auf diese Weise sicher über den Marktplatz. Ihr Kunststück ist gelungen.

Ist es nicht so, dass viele Paare ihr Kunststück des Zusammenlebens so vollbringen wollen, wie der Artist es seiner Partnerin vorschlägt: »Ich mache dich glücklich und du machst mich glücklich«? Dabei geraten sie unterwegs ins Straucheln; denn es ist unmöglich, einen anderen glücklich zu machen. Warum geht das nicht? Entsprechend dem ABC der Gefühle sind es die Gedanken, die zum Glück führen, nicht die äußeren Ereignisse. Nun kann niemand einem anderen glückliche Gedanken machen. Das kann nur jeder für sich allein. Ich kann nicht für Sie denken und Sie nicht für mich.

Da Sie in diesem Buch möglicherweise zum ersten Mal vom ABC der Gefühle hören, will ich den Zusammenhang, was das Glück betrifft, etwas näher erläutern. Man fühlt so, wie man denkt. Das bedeutet: Glücklich ist man bei glücklichen Gedanken, unglücklich bei unglücklichen Gedanken.

Stellen Sie sich vor, jemand schenkt Ihnen einen Strauß gelber Rosen. Wovon hängt es ab, ob Sie sich darüber freuen oder nicht? Rosen sind einfach Rosen. Sie können keine Gefühle auslösen. Wie sollten sie dies tun? Das wäre pure Zauberei. Sie reagieren nicht auf die Rosen, sondern auf Ihre Gedanken, die Ihnen wegen des Blumenstraußes durch den Kopf gehen. Vielleicht mögen Sie denjenigen nicht, der Ihnen die Rosen schenkte. Oder Sie hassen Blumen. Sie mögen kein Gelb. Die Rosen sind Ihnen zu mickrig. Dann werden Sie sich nicht freuen. Falls Sie aber Blumen mögen, besonders gelbe, und mit dem Geschenk auch sonst positive Bewertungen verbinden, werden diese Gedanken sie glücklich machen. Ohne die Rosen ginge es auch. Sie könnten sich über etwas anderes freuen. Die Rosen sind lediglich die mittelbare, Ihre Gedanken aber die unmittelbare Ursache Ihres Glücks.

Falls Sie ein Mann sind, finden Sie es vielleicht sogar unpassend, dass jemand Ihnen Blumen schenkt. Eine Frau schenkt Ihnen Blumen? Geht das nicht nur umgekehrt? Ein Mann schenkt Ihnen einen Strauß gelber Rosen? Was soll das? Ist der schwul? Hat der sich in der Adresse geirrt?

Sie sehen, dass schon ein einfacher Strauß Blumen die unterschiedlichsten Gedanken auslöst. Jeder dieser Gedanken führt zu anderen Gefühlen. Wenn Sie einmal bedenken, wie viele Situationen ein Paar jeden Tag zu beurteilen hat, dann begreifen Sie wahrscheinlich, warum in Beziehungen so viel schiefgeht. So viele mögliche Missverständnisse, die sich unter Umständen sofort zu einem Streit ausweiten. Ein Wort gibt das andere. Jedes dieser Worte lässt verschiedene Reaktionen zu. Wie jemand antwortet, hängt nicht davon ab, was der andere davor gesagt hat. Es kommt vielmehr darauf an, wie man selbst die Worte deutet, welche möglichen positiven und negativen Reaktionen einem einfallen und wie man sich am Ende entscheidet, zu antworten.

Verstehen Sie jetzt, warum das Kunststück (des Zusammenlebens) eher gelingt, wenn man dem Vorschlag folgt, den die Artistin macht: »Ich mache mich glücklich und du machst dich glücklich?« Wenn man die Verantwortung für sein Glück übernimmt und sie nicht dem anderen aufbürdet, bleibt die Beziehung frei von überflüssigen Schuldzuweisungen (»Du hast versprochen, dass du mich glücklich machen wirst. Und was tust du in Wirklichkeit? Nichts!«).

Es gibt noch einen zweiten Grund, weshalb einige Freundschaften auf Dauer halten: Die beiden haben viel Spaß miteinander. Diese Erklärung ist eigentlich selbstverständlich und doch so vielen Menschen rätselhaft. Wie soll eine Beziehung jahrzehntelang Glück und Freude mit sich bringen, wenn beide allein und erst recht zusammen unglücklich sind? Nur wenige Menschen leiden gerne, schon gar nicht auf Dauer. Wie viele schaffen es, auch noch nach 10, 20, 50 Jahren oder mehr allein und miteinander glücklich zu sein? Das ist kein geringes Kunststück.

Hören Sie bitte nicht auf die BeziehungsexpertInnen, die Ihnen weismachen wollen, dass Männer und Frauen einfach nicht zusammenpassen. Das ist keine Frage des Geschlechts, sondern des Denkens und Verhaltens. Das Geschlecht lässt sich nicht ändern, wohl aber das Denken und Handeln. Jeder kann lernen, sich selbst und anderen ein Freund bzw. eine Freundin zu sein.

Zu einer guten Beziehung gehören immer zwei. Da viele sich schon selbst nicht mögen, kann die Angelegenheit ein bisschen schwierig werden. Deshalb beginnt in meinem Buch die Liebe mit der Selbstliebe. Sie mindert die emotionale Abhängigkeit vom anderen. So entstehen mehr Freiräume. Zwei Menschen, die sich selbst lieben, haben die beste Voraussetzung für eine gemeinsame Liebe. Treffen jedoch zwei Personen aufeinander, die sich schon jeweils allein kein Freund sind, fehlen alle Voraussetzungen für das Kunststück, um das es hier geht.

Ein Team werden

Die beiden Artisten, die im obigen Beispiel ihr Kunststück so erfolgreich aufgeführt haben, zeigen, wie ein gutes Team funktioniert.

Es fängt mit einem gemeinsamen Ziel an, das die beiden verbindet. Sie wollen mit einem Balanceakt den Marktplatz überqueren und auf diese Weise ihr Publikum unterhalten. Ohne ein gemeinsames Ziel könnten die beiden als Soloartisten auftreten. Das ginge auch. Nur wären sie dann kein Team.

Um das gemeinsame Ziel zu erreichen, müssen sie kooperieren. Würde jeder machen, was er wollte, wäre der Erfolg in Frage gestellt. Sie müssen sich daher einigen, was jeder zu tun hat, damit das gemeinsame Ziel gefördert wird. Erst machte der Artist seiner Partnerin einen Vorschlag, wie sie ihr Kunststück vollbringen könnten. Die Artistin erkannte die Nachteile seiner Idee und machte daraufhin einen anderen Vorschlag. Damit überzeugte sie ihren Kollegen. Die Vorteile leuchteten ihm ein. Die Kooperation zwischen den beiden funktionierte mühelos. Hätte die Artistin sich nicht getraut, den Vorschlag ihres Partners zu verwerfen und ihm stattdessen eine neue Idee zu präsentieren, wären sie gescheitert. Ihr Partner war in der Lage, gut mit ihr zusammenzuarbeiten. Er reagierte nicht gekränkt auf die Ablehnung seines Plans, nahm sie nicht persönlich, sondern konzentrierte sich auf das gemeinsame Ziel. Von wem der Einfall stammte, zählte nicht. Allein die besseren Erfolgschancen waren von Bedeutung.

Leider ist bei Teams regelmäßig das Gegenteil an der Tagesordnung, nämlich mangelnde Kooperation. Ein Teil der Gruppe arbeitet gegeneinander anstatt zusammen. Die Konkurrenten kämpfen um die Führung. Die Ausübung von Macht ist ihnen wichtiger als das Erreichen des gemeinsamen Ziels. Dadurch geht eine Menge Energie verloren. Die Stimmung im ganzen Team sinkt. Wenn der Misserfolg sich dann einstellt, fällt das Team endgültig auseinander.

Egozentrikern fällt es ausgesprochen schwer, sich auf die Sache zu konzentrieren. Das Ziel ist für sie nur ein willkommener Anlass, sich selbst wieder einmal in den Mittelpunkt zu stellen.

Wie das Beispiel der Artistin zeigt, ist eine gesunde Selbstbehauptung dagegen durchaus angebracht. Unbefangen äußert sie ihre Meinung und stellt ihre eigene Idee vor.

Selbstbehauptung ist der goldene Mittelweg zwischen teamfeindlicher Egozentrik und mangelndem Selbstvertrauen. Wer kein Vertrauen in das eigene Urteilsvermögen hat, macht blind das, was andere vorschlagen. Das beschleunigt die Entscheidungsfindung, aber dadurch setzen sich leider auch die falschen Ideen leichter durch. Diese schaden am Ende dem Erfolg.

Teambildung ist einfacher, wenn die einzelnen Mitglieder sich selbst mögen. Dann sind sie nicht darauf angewiesen, mit ihren Beiträgen um die Liebe der anderen zu kämpfen. Den Egozentrikern geht es letztlich nur um die Anerkennung durch das Team, während die Teammitglieder ohne Selbstvertrauen fürchten, die Wertschätzung der Gruppe zu verlieren, wenn sie etwas falsch machen.

Mangelnde Selbstliebe führt schnell zu emotionalen Turbulenzen in einer Gruppe. Einige fühlen sich bei der Ablehnung ihrer Vorschläge sofort persönlich angegriffen. Sie überreagieren auf Kritik. Unterschwellig steht immer die Frage im Raum: »Habt ihr mich gern?«

Manche Teammitglieder drücken ihre fehlende Selbstliebe dadurch aus, dass sie die anderen herabsetzen. Dadurch wollen sie sich ihre eigene Großartigkeit beweisen, von der sie insgeheim keinesfalls überzeugt sind. Viele lieben es auch einfach, ihre schlechte Laune auf andere zu übertragen. Die anderen im Team sollen sich nicht besser fühlen als sie.

Egal, wie der Mangel an Selbstliebe sich äußert, er ist in allen Beziehungen eine enorme Belastung. Deshalb ist es wichtig, dass jeder dafür sorgt, sich selbst ein Freund zu sein. Dann gelingt auch die Teambildung besser.

Sich zusammen wohlfühlen

Der Anknüpfungspunkt für Freundschaften sind Gemeinsamkeiten. Es fällt uns viel leichter, mit Leuten umzugehen, die uns ähnlich sind. Wer in derselben Gegend wohnt, eine Menge Ansichten mit uns teilt, die gleichen Interessen hat, vielleicht noch dieselbe Autoklasse fährt, ist uns sofort sympathisch. In gewisser Weise begegnen wir uns selbst in diesen verwandten Seelen. Wir verstehen sie leicht, kennen ihre Nöte und lachen über dieselben Dinge.

Man sagt, dass Gegensätze sich anziehen. Normalerweise ist das jedoch nicht der Fall. Wo es trotzdem so zu sein scheint, beziehen sich die Gegensätze eher auf Nebensächlichkeiten. Was ebenfalls eine Rolle spielt: Einige können sich in andere leicht hineinversetzen, verstehen fremde Weltanschauungen sofort und passen sich mühelos an. Dadurch überbrücken sie die Unterschiede schneller. Sie schaffen so eine gemeinsame Basis.

Aus diesen Erkenntnissen ergeben sich wichtige praktische Schlussfolgerungen. Sucht man z. B. Freundschaft mit jemandem, muss man die verbindenden Gemeinsamkeiten finden und sich auf sie konzentrieren. Immer wieder das in den Mittelpunkt zu stellen, was allen Beteiligten Spaß macht, das ist der Schlüssel zum gemeinsamen Glück. Will man dagegen Distanz schaffen, braucht man nur die bestehenden Gegensätze zu betonen. Man sagt dem anderen, dass man ihn nicht versteht und nie verstehen wird, dass es keine Gemeinsamkeiten (mehr) gibt oder dass man einfach zu unterschiedlich sei. Häufig geschieht das leider unbewusst. FreundInnen leben sich auf diese Weise auseinander. Standen am Beginn der Freundschaft noch die gemeinsamen Interessen, so entdecken sie mit der Zeit immer mehr Trennendes. Gelingt es ihnen nicht, sich wieder auf die Gemeinsamkeiten zu besinnen, ist auch die äußere Trennung nur noch eine Frage der Zeit.

Viele Beziehungen sind von Anfang an auf zu wenig Gemeinsamkeiten gegründet. Nur sexuelle Interessen beispielsweise reichen nicht, um eine dauerhafte gute Verbindung zu schaffen. Das gilt im Prinzip für alle eindimensionalen Beziehungen. Je mehr gemeinsame Interessen und Bedürfnisse bestehen, desto größer sind die Chancen, alle Tage Spaß miteinander zu haben.

Manchmal wird in Beziehungen auch nicht genügend beachtet, dass Menschen sich ändern. Frühere Gemeinsamkeiten können vergehen. Neue müssen gefunden werden. Wenn man die Notwendigkeit übersieht, sich immer wieder neu kennenzulernen und mit den gegenseitigen Veränderungen Schritt zu halten, kommt es eines Tages zu der überraschenden Erkenntnis: »Du bist nicht mehr der, den ich mal kennengelernt habe.« Dabei ist die Veränderung an sich nicht unbedingt das Problem. Nur die fehlende Anpassung, das fehlende neue Arrangement kann das Ende einer Freundschaft bedeuten.

Glückliche Menschen lachen viel. Verliebte necken sich und bringen sich zum Lachen. Wenn Menschen zusammen spielen, hört man Gelächter. Fehlt es, nennt man es Arbeit. In meiner Sammlung von Familienfotos sind ein paar Aufnahmen von Hochzeiten. Es sind alte Fotos. Damals wurde nicht viel gelacht. Heiraten war eine ernste Angelegenheit. Soviel ich von diesen Verwandten weiß, waren die Ehen auch entsprechend.

Gemeinsamkeiten, vor allem gemeinsamer Spaß und gemeinsames Lachen, das ist der Kitt für Beziehungen. Aber wie geht man mit den Unterschieden um, die zwischen Menschen ebenfalls bestehen? Wie kann man verhindern, dass diese automatisch zu Streit und Trennung führen? Dazu kommen wir jetzt.

Anders als die anderen

»Intoleranz ist wahrscheinlich nicht die Basis zur Gründung einer Gemeinschaft«, gravierte ein Mitschüler von mir in das Pult ein, an dem er saß. Nicht schlecht mit 15 Jahren. Das »wahrscheinlich« hätte er übrigens ruhig weglassen können.

Toleranz überbrückt Unterschiede. Man kann noch so sehr das Gemeinsame betonen. Es bleiben dennoch viele Unterschiede zwischen zwei Menschen übrig. Diese können gering sein. Trotzdem werden auch kleine Differenzen immer wieder zum Anlass großer Differenzen. Deshalb muss man Wege finden, konstruktiv mit den Unterschieden umzugehen.

Als Erstes aber eine Strategie, die selten funktioniert, doch sehr verbreitet ist. Ihre Grundidee besteht darin, die anderen nach seinen eigenen Vorstellungen formen zu wollen. Das klappt schon bei Kindern nur in bescheidenem Ausmaß. Bei Erwachsenen ist dieser Versuch völlig zum Scheitern verurteilt. Wenn die Idee nur nicht so verlockend wäre! Man verliebt sich in den Mann bzw. die Frau seiner Träume. Was einen an ihm/ihr stört, glaubt man ihm/ihr in den nächsten Jahren noch abgewöhnen zu können. Nachdem man sich Jahre oder Jahrzehnte an diesem »Projekt« vergeblich abgearbeitet hat, beschließt man, sich doch lieber zu trennen. Ein anderes Beispiel: Man merkt schon im Bewerbungsgespräch, dass der Chef eine schwere Macke hat. »Das wird sich schon einspielen«, denkt man. Fehlanzeige! Entnervt kündigt man am Ende.

Ich will damit nicht sagen, dass man sich mit allem abfinden müsste, was andere tun. In manchen Punkten kann man tatsächlich erreichen, dass jemand sich ändert. Aber diese Punkte sollten nicht zu zahlreich sein und außerdem nicht gerade Wesentliches betreffen. Ich denke, auch Sie wären nicht bereit, eine ganz andere, ein ganz anderer zu werden. Und selbst wenn Sie es wollten: Wären Sie sicher, dass Sie es könnten? Deshalb ist es umso erstaunlicher, dass wir von anderen erwarten, dass sie sich – mal eben ganz einfach – ändern, wie wir es gerne hätten.

Bleibt als weitere Strategie also nur Toleranz übrig. Unterschiede an sich sind – wie bereits gesagt – nicht automatisch ein Problem. Es kommt vielmehr darauf an, wie man darüber denkt. Übertreibt man die Bedeutung der Gegensätze, gerät man in emotionale Turbulenzen: »Ich kann das nicht ertragen«, »Alle anderen müssen so denken, fühlen und handeln wie ich«, »Es ist furchtbar, wenn sie anders sind als ich«, »Die Leute sollten immer so sein, wie ich es verlange.« – So dramatisch sehen manche das. Die Folgen: Ärger, Enttäuschung, Hass.

Bleibt man auf dem Boden der Tatsachen, kann man sich diesen Stress ersparen: »Es ist nicht das, was ich erwartet habe, aber es geht auch so«, »Wenn alle anderen genau so denken, fühlen und handeln würden wie ich, könnte es ziemlich langweilig werden«, »Manchmal wünschte ich, die Leute sollten einfach das tun, was ich will, aber unbedingt erforderlich ist es für mein Glück und Wohlergehen nicht.« Solche und ähnliche Gedanken führen trotz der Unterschiede zwischen Menschen zu Gelassenheit.

Die folgende Geschichte verdeutlicht, wie sehr jeder in seiner eigenen Welt lebt: Ein Fisch und eine Schildkröte begegnen sich im Wasser. Während die Schildkröte gemütlich neben dem Fisch herschwimmt, erzählt sie ihm von einem Ausflug, den sie an Land gemacht hat. Sie sei 100 Meter weit gelaufen. Der Fisch korrigiert sie: »Du meinst: geschwommen.« Er hat keine Ahnung, was »laufen« ist. Er hat das Wasser nie verlassen. Fortbewegung kennt er ausschließlich als schwimmen. Selbst wenn die Schildkröte ihm das Laufen erklären würde, wüsste er nicht, wie es ist, ein Bein vor das andere zu setzen. Trotzdem meint er, die Schildkröte korrigieren zu müssen (»Du meinst: schwimmen.«). Der Fisch hält seine eigenen Erfahrungen für die einzig möglichen, die allein richtigen und unterstellt der Schildkröte bei ihrem Bericht aus einer anderen Welt einen Fehler.

Wir Menschen leben ebenfalls in verschiedenen Welten. Das ist uns nicht die ganze Zeit bewusst. Wir unterscheiden uns in vielen Punkten von allen anderen. Dabei sind nicht einmal die Äußerlichkeiten so wichtig. Bedeutsamer sind die verschiedenen Erfahrungen, Kenntnisse, Interessen und Bedürfnisse. Da wir so verschieden sind, können wir nur miteinander befreundet sein, wenn wir tolerieren, besser noch: Gefallen daran finden, dass unsere Mitmenschen anders sind als wir und wir anders als sie. Dann erleben wir das Anderssein nicht als Bedrohung, sondern als Bereicherung. Neue Sichtweisen erweitern unseren Horizont. Wir lernen neue Möglichkeiten kennen, unser Leben zu leben. Jeder buchstabiert das ABC der Gefühle und des Verhaltens ein bisschen anders.

Denken Sie z. B. an die unterschiedlichen Küchen oder Musikrichtungen oder Religionen. In jeder Großstadt findet man die verschiedensten Restaurants. Auch Musik gibt es für jeden Geschmack. Während fremde Religionen früher nur SpezialistInnen zugänglich waren, bietet heute nahezu jede Buchhandlung Informationen über die verschiedenen Glaubensrichtungen.

Leider fällt es uns bisher leichter, fremde Speisen und andersartige Musik zu tolerieren und sogar zu schätzen als fremde Religionen. Unkenntnis und gegenseitige Vorurteile sind auf diesem Gebiet groß. Aber es gibt trotzdem Grund zur Hoffnung: Noch vor hundert Jahren haben viele Nationen gegeneinander Krieg geführt. Verglichen mit den beiden Weltkriegen ist die Situation heute sehr viel besser. Durch vielfältigen Austausch bezüglich Bildung, Kultur und Wirtschaft sind sich die Menschen nähergekommen. Deshalb kann man hoffen, dass Religionen sowie Wirtschaftsinteressen in Zukunft keine Hindernisse mehr sein werden auf dem Weg zu einer friedlicheren und freundlicheren Menschheitsfamilie.

Das Leben lieben

Jetzt wollen wir den Kreis noch einmal erweitern. Wir haben uns erst mit der Selbstliebe beschäftigt. Danach haben wir uns unseren Mitmenschen zugewandt, zunächst denen, die uns ähnlich sind, und anschließend denen, die wir als fremd empfinden. Jetzt wollen wir die Liebe auf alles beziehen, auf die gesamte Welt, das ganze Leben. Es geht darum, der Welt ein Freund zu werden und das Leben zu lieben.

Die Schritte sind wiederum die gleichen wie bei der Selbstliebe. So wie es bei ihr unerlässlich ist, grundsätzlich positiv über sich zu denken und ein positives Menschenbild aufzubauen, ist es notwendig, freundlich über die Welt zu denken und ein positives Weltbild zu entwickeln. Solange man glaubt, wir wären durch irgendeinen grausamen Zufall ins Weltall geworfen und müssten dieses Jammertal ein Leben lang erleiden, ist es ausgeschlossen, Freude am Leben und an der Welt zu empfinden. Dann kommt einem die Existenz absolut sinnlos vor. Die Welt wirkt mit dieser Überzeugung wie ein hoffnungsloses Chaos.

Man erlebt die Welt so, wie man über sie denkt. Jemand hat es mal so ausgedrückt: Das Leben hat keinen Sinn außer dem, den man ihm gibt. Wahrnehmung, Wertung und Sinngebung sind höchstpersönliche Angelegenheiten. Wer farbenblind ist, dem erscheint die Welt grau. Sie ist zwar nicht grau, aber dem Auge und Gehirn des Farbenblinden erscheint sie so. Für Taube ist die Welt still, ohne Geräusche, ohne Musik. Aber sie ist nicht still. Wird man in eine zerstrittene Familie geboren, scheint die Welt disharmonisch. Diese Bewertung ist jedoch einseitig.

Was auch immer man über das Universum sagt, es ist durch den eigenen Horizont begrenzt. Die Grenzen der Erkenntnis kann man nicht überwinden. Auch nicht durch Tricks. Mag sein, dass einige Aussagen der Wirklichkeit näherkommen als andere. Es mag auch sein, dass einige Überzeugungen hilfreicher sind als andere. Man kann sich durch das, was man denkt, das Leben leichter oder schwerer machen. Wahr in einem absoluten Sinn ist nichts davon.

Ich sage das so grundsätzlich, weil viele Menschen ihre Meinung, dass die Welt schlecht sei, als Wahrheit ausgeben. Sie können viele Tatsachen anführen, um ihren Standpunkt zu belegen. Trotzdem beweist das nicht mehr, als dass es diese Tatsachen gibt. Der darüber hinausgehende Schluss, dass die Welt schlecht sei, ist eine grobe Verallgemeinerung. Es existieren so viele Zeugnisse von Schönheit, Weisheit, Mut, Mäßigung, Gerechtigkeit, Spiritualität und Liebe, dass man sich dieser negativen und einseitigen Meinung nicht anschließen muss.

Übrigens wäre es nicht einmal ausgeschlossen, die Welt und das Leben zu lieben, wenn beides wirklich schlecht wäre. Sie wären dann nur viel schwerer zu lieben. Es ist einfacher, wenn man das Leben und die Welt im Großen und Ganzen positiv bewertet.

Freundlich über die Welt zu denken ist ein guter Ausgangspunkt, um sie zu lieben. Beim Nachdenken über die Welt und das Leben kann man eine Menge Erfreuliches entdecken. Ich finde es z. B. immer wieder wunderbar, dass viele Menschen einen großen Sinn für Humor haben. Erst gestern las ich ein Zitat von Nasruddin, der oft als Till Eulenspiegel des Orients bezeichnet wird: »Als Großmutter 60 wurde, begann sie, jeden Tag fünf Kilometer zu laufen. Als sie 90 wurde, hatten wir keine Ahnung, wo sie geblieben war.«

Ich hatte einmal ein Buch, das so ähnlich hieß wie ›10 000 Gründe, das Leben zu lieben‹. Eigentlich kam alles darin vor: Pizza, Haarspangen, Hundebabys, Charlie Brown, die Erfindung der Glühlampe, Gymnastikmatten, Taucherbrillen, Computer, Geisterbahn fahren, Schokoküsse, Maiglöckchen, Gitarren … Setzen Sie das einfach so fort, wie Sie mögen. Viel zu oft schauen wir wie hypnotisiert auf die Probleme dieser Welt und übersehen die 10 000 und mehr Gründe, um glücklich zu sein.

Hängen Sie Ihr Herz nicht nur an wenige Menschen und

Sachen. Die Möglichkeiten zum Glück sind grenzenlos. Im Gefühl des Glücks ist man erheblich großzügiger und herzlicher. Man sieht dann über vieles hinweg, was einen sonst stören würde. Es ist ein Zustand des Verliebtseins. So entsteht ohne Anstrengung oder Pflichtgefühl der Wunsch, dass alle anderen auch so glücklich sein mögen.

Glückliche Menschen haben ein stärkeres Bedürfnis, die Welt gut zu behandeln. Will man das, was man liebt, beschädigen oder zerstören? Nein, das tun nur Unwissende und Unglückliche. Es sähe anders in der Welt aus, wenn es mehr glückliche Menschen gäbe. Aber mit jedem, der sich selbst liebt und seines Lebens froh ist, ändert sich das Ganze ein bisschen mehr zum Positiven.

Die beste Wahl

Lieben oder nicht lieben? Hat man da überhaupt die Wahl? Es ist so leicht, ebenfalls ärgerlich zu werden, wenn ein anderer versucht, seinen Ärger bei einem abzuladen. Mit der nötigen Gelassenheit könnte man es jedoch verhindern, sich von seinen negativen Gefühlen anstecken zu lassen. Dann würde man für den Zornigen eher Mitleid empfinden.

Es ist auch leicht, auf plumpe Schmeicheleien hereinzufallen, wenn man süchtig nach Bestätigung ist. Mit genügend Selbstliebe könnte man die Absicht durchschauen. Man würde den berechnenden Schmeichler nicht mehr automatisch mögen.

Wenn man sich selbst liebt, wird man unabhängiger von den anderen. Nicht gleichgültig, nur unabhängiger. Man ist emotional weniger angewiesen auf ihre Komplimente, weil man ohnehin eine gute Meinung von sich hat. Auch Kritik lässt sich leichter ertragen, weil das Urteil der anderen keinen Einfluss darauf hat, ob man wie ein Freund über sich denkt und sich gut behandelt.

Man kann es sich erlauben, seine Mitmenschen einfach so zu sehen, wie sie sind. Solange man glaubt, ihre Liebe zu brauchen wie das tägliche Brot, ist man in Gefahr, sich etwas vorzumachen. Der Preis, den viele für ein paar freundliche Worte und Gesten bezahlen, ist einfach zu hoch. Indem man die anderen mit größerer innerer Gelassenheit betrachtet, sieht man klarer, wer es gut mit einem meint und wer nicht.

Ich will mit diesem Buch keinesfalls den Eindruck erwecken, dass Sie jeden lieben müssten. Nein, Sie brauchen nicht mit den Engeln zu konkurrieren.

Gelegentlich begegne ich Menschen, die zwanghaft freundlich wirken. Sie scheinen überhaupt keine Wahl zu haben, wie sie reagieren wollen. Immer freundlich sein zu müssen, ist auf Dauer bestimmt sehr anstrengend. Außerdem ist das, was jemand unter Zwang tut, wenig wert. Wer anderen seine Meinung sagen könnte, aber sich frei entscheidet, in bestimmten Situationen darauf zu verzichten, ist in seiner Entwicklung einen wesentlichen Schritt weiter.

Auf der anderen Seite stehen diejenigen, die zwanghaft unfreundlich sind: die Grantler, die Mürrischen, die ewig Unzufriedenen. Auch sie zahlen einen hohen Preis. Wer will schon etwas mit ihnen zu tun haben? Sie sind in Gefahr, zu vereinsamen oder mit anderen Grantlern zusammenleben zu müssen.

Deshalb ist es viel besser, wählen zu können, ob man

freundlich sein möchte oder nicht. Diese Freiheit hat man auch dann, wenn andere einen herausfordern. Im Alltag kommt es regelmäßig vor, dass manche sich mehr Rechte herausnehmen, als ihnen zustehen. Verträge werden missachtet, die Regeln der Höflichkeit und des guten Zusammenlebens verletzt. In all diesen Fällen steht man vor der Wahl, ob man sich selbst behaupten will oder nicht. Aber es geht nicht nur um die Entscheidung, ob man der Regelverletzung entgegentreten will. Auch die Frage, ob man dies freundlich tun will oder nicht, stellt sich.

Viele glauben, man könne nur aggressiv vorgehen, wenn man seine Rechte verteidigen will. Andernfalls müsse man feige nachgeben. Tatsächlich gibt es aber neben Aggressivität und Nachgiebigkeit noch eine dritte Möglichkeit: selbstsicheres Verhalten. Man muss sich nicht alles gefallen lassen, sondern kann ruhig und bestimmt seine berechtigten Ansprüche geltend machen und seine Rechte verteidigen. Sachlichkeit ist in diesem Fall das oberste Gebot. Man greift nicht die Person an. Nur ihr Verhalten wird kritisiert. Die Tatsachen und Forderungen werden benannt. Starke Wertungen oder gar Beleidigungen unterbleiben. Besonders wenn die andere Seite sehr emotional reagiert, ist diese Strategie nicht so einfach durchzuhalten. Trotzdem kann man lernen, selbstsicher zu handeln und sich das eigene Verhalten von anderen nicht vorschreiben zu lassen. Man kann ruhig und sachlich bleiben, wenn man möchte sogar freundlich, unabhängig davon, welche Register die anderen ziehen. Denken Sie immer daran: Zu einem Streit gehören zwei. Indem Sie ruhig bleiben, erhöhen Sie die Wahrscheinlichkeit, dass auch Ihr Gegenüber sich wieder beruhigt.

Falls Sie sich immer alles gefallen lassen, ist dies ein krasser Verstoß gegen die Selbstliebe. Außerdem senden Sie Ihren Mitmenschen in diesem Fall eine falsche Botschaft, nämlich dass sie sich nicht um Liebenswürdigkeit bemühen müssen. Beispielsweise demonstrieren Eltern ihren Kindern eine falsche Freundlichkeit, wenn sie ihnen alles durchgehen lassen. Kurzfristig mögen die Kinder glücklicher sein, wenn sie tun und lassen können, was sie wollen. Aber langfristig gesehen, nehmen ihre Chancen auf dauerhaftes Glück dramatisch ab; denn anders als ihre Eltern werden sich nicht alle von ihnen tyrannisieren lassen, weder ihre LehrerInnen noch die späteren LebenspartnerInnen noch die zukünftigen ArbeitgeberInnen und KollegInnen. Das Geschrei der nie richtig erwachsen gewordenen Kinder ist dann nur umso größer.

Soweit es um Selbstbehauptung in alltäglichen Situationen geht, muss die Liebe also nicht zwangsläufig auf der Strecke bleiben. Aber wie sieht es aus, wenn besonders schwierige Menschen einem auf Dauer zusetzen? Kann man seine Feinde lieben?

Ich möchte keine Verzuckerung der realen Probleme betreiben und dem Thema Liebe keine kitschige Süßlichkeit verleihen. Fast jeder trifft früher oder später auf Leute, die einem übel mitspielen. Schon in der Schule piesacken einige ihre MitschülerInnen pausenlos. Das Mobbing setzt sich am Arbeitsplatz fort. BetrügerInnen versuchen durch Tricks an das Geld ihrer Mitmenschen zu kommen. Auch Diebstahl ist ein alltägliches Delikt. Gerissene Geschäftsleute nutzen Gesetzeslücken, um auf Kosten ihrer KundInnen und Angestellten ein Vermögen zu verdienen. Gar nicht zu reden von der Produktion und dem Einsatz von Landminen und anderen mörderischen Waffen. Dadurch wird großes Leid über unschuldige Männer, Frauen und Kinder gebracht. Auch die Natur wird durch Kriege und einseitig profitorientierte Warenproduktion schwer geschädigt.

Lieben kann in diesen Fällen nicht heißen, dass man ausgerechnet jene, die einem selbst oder geliebten Menschen viel Leid zugefügt haben, zu seinen engsten Freunden macht und ihnen alle erdenklichen Wohltaten zugutekommen lässt. Das wäre illusorisch. Nicht nur zu einem Streit, auch zu einer Freundschaft gehören zwei. Wenn der andere sich nicht wie ein Freund verhalten kann oder will, ist es besser, das zu akzeptieren und sich entsprechend zu schützen.

Trotzdem darf man die Regeln des Umgangs nicht von seinen Feinden bestimmen lassen. Sonst besteht die große Gefahr, so zu werden wie sie. Das wäre die schlimmste Niederlage überhaupt.

Hass endet nicht durch Hass, Gewalt nicht durch Gewalt. Einer muss anfangen, damit aufzuhören. Viele machen es sich zu leicht, wenn sie die Verantwortung für ihr Handeln bei ihren Feinden abgeben nach dem Motto: »Sollen die doch zuerst aufhören.« Möchte man sich sein Verhalten wirklich von seinen Feinden vorschreiben lassen? Doch genau dies tut man, wenn man die eigene Reaktion vom Handeln seiner Widersacher abhängig macht. Diese bestimmen dann das Geschehen. Man selbst ist nur noch eine Marionette in ihren Händen. Will man das wirklich sein?

Die Alternative dazu lautet: nie hassen. Und niemals aus Hass handeln. Es wäre zu viel verlangt, wenn man von jedem verlangen würde, freundlich über seine Feinde zu denken.

Feindesliebe ist möglich, aber sie ist schwer zu realisieren. Wo es doch schon an der Selbstliebe so oft mangelt! Statt an dem höchsten Ideal der Feindesliebe zu scheitern, halte ich es für wesentlich realistischer, sich das Ziel zu setzen, seine Feinde nicht zu hassen.

Was bedeutet das? Die beste Rache ist es, glücklich zu sein. Dieser Satz ist der Schlüssel zu einem anderen Verhalten gegenüber seinen Feinden. Statt so zu werden wie sie, nämlich hasserfüllt und unglücklich, sollte man danach streben, glücklich zu sein. Selbstliebe wird so zur Basis, keinen Hass entstehen zu lassen oder dieses Unglück bringende Gefühl wieder abklingen zu lassen.

Die Gedanken und Emotionen, die man in Reaktion auf das Verhalten seiner Gegner entwickelt, sind oft nicht so leicht zu bändigen. Gelingt es einem, glücklich und gelassen zu bleiben oder wieder zu werden, sind die praktischen Probleme leichter lösbar. Je nachdem, was nötig ist, wird man sich vor seinen Feinden schützen, Wiedergutmachung und Entschuldigung verlangen oder ihnen sogar helfen, selbst glücklicher und liebevoller zu werden. Von einem glücklichen und liebevollen Menschen geht keine Gefahr aus. Deshalb ist das, was einigen auf den ersten Blick absurd erscheint, in Wirklichkeit Teil einer klugen Politik gegenüber seinen Feinden.

Kehren wir zu den beiden Ausgangsfragen zurück. Lieben oder nicht lieben? Hat man überhaupt die Wahl? Ja, die Freiheit besteht jederzeit. Lieben ist die beste Wahl, nicht hassen die zweitbeste.

EINLADUNG ZUM NACHDENKEN

Nehmen Sie sich einen Moment Zeit, um dieses Kapitel zu überdenken. Was war für Sie persönlich am wichtigsten? Woran möchten Sie von jetzt an öfter denken? Was wollen Sie anders machen als bisher?

DER INNERE FREUND IN AKTION

Bisher ging es um die Fähigkeiten des inneren Freundes. Jetzt erfahren Sie, wie Sie diese Fähigkeiten täglich trainieren können.

Gute Vorsätze allein genügen nicht. Um einen greifbaren und bleibenden Gewinn aus den vorgestellten Strategien zu ziehen, ist es unumgänglich, sie ständig anzuwenden. Das ist am Anfang nicht einfach. Aber Ihr innerer Freund wird Ihnen dabei helfen.

Gewusst wie, gewusst was

Was immer man erreichen möchte: Es beginnt mit einem Ziel. Wenn Sie dieses Buch bis hierher gelesen haben, nehme ich an, dass Sie ziemlich genau wissen, was Sie wollen:

- sich lieben
- sich selbst ein Freund sein
- eine gute Beziehung zu sich haben
- sich freundlich behandeln
- ein gutes Gefühl zu sich haben
- sich wohlfühlen in Ihrer Haut
- gut mit sich allein sein können

- etwas mit sich anfangen können
- sich eine angenehme Umgebung schaffen.

Das sind einige Aspekte der Selbstliebe. Am besten ist es, wenn Sie Ihr Ziel selbst formulieren. Wie würden Sie das bezeichnen, was Sie erreichen wollen?

Das Ziel sollte hochgesteckt sein. Nehmen Sie sich ruhig vor, in jeder Situation zu sich zu stehen, unter allen Umständen gut zu sich zu sein. Sie werden das wahrscheinlich nicht immer schaffen. Aber betrachten Sie das Projekt, sich selbst ein guter Freund zu sein, wie ein Sportler. Auch der nimmt sich vor, sein Ziel jedes Mal zu erreichen, auch wenn es ihm nicht immer gelingen wird. Es ist normal, sich manchmal über sich zu ärgern. Es ist genauso normal, ab und zu von sich enttäuscht zu sein.

Sie sollten Ihr Ziel klar vor Augen haben. Wie wollen Sie in welchen Situationen über sich denken? Zum Beispiel: Was wollen Sie zu sich sagen, wenn Ihnen etwas misslingt? Wie wollen Sie mit sich reden, wenn Sie vor einer schwierigen Aufgabe stehen?

Was heißt es für Sie konkret, wie ein Freund zu sich zu sein? Zum Beispiel: Was wollen Sie an den kommenden Wochenenden unternehmen? Was bedeutet es in Bezug auf Ihren Beruf, freundlich mit sich umzugehen? Je genauer Sie sich vorstellen können, was Sie tun wollen, desto leichter werden Sie Ihre Ziele erreichen.

Ob Ihnen Ihre Ziele bereits klar sind, merken Sie am deutlichsten, wenn Sie sie aufschreiben. Probieren Sie es aus. Notieren Sie auf einer Seite in Stichworten, was Selbstliebe für Sie im Einzelnen bedeutet. Oder stellen Sie sich vor, Sie wollten einer Freundin erklären, was es für Sie heißt, gut mit sich umzugehen. Oder erzählen Sie Ihrem inneren Freund, was Sie in Zukunft tun wollen, um ein gutes Verhältnis zu sich zu entwickeln.

Wo würden Sie sich im Moment auf einer Skala von 1 bis 10 einschätzen? 1 bedeutet, dass Sie niemals nett zu sich sind. 10 heißt, dass Sie in jeder Situation freundlich über sich denken und sich stets gut behandeln.

Nehmen wir an, Sie stünden im Augenblick bei 6. Was müssten Sie tun, um auf 7 zu kommen? (Siehe dazu auch den Abschnitt »Wie sehr lieben Sie sich?«)

In den vorangegangenen Kapiteln finden Sie viele Ideen, wie Sie sich selbst ein guter Freund werden können. Suchen Sie sich die aus, die Ihnen spontan gefallen, und wenden Sie sie praktisch an.

Sie können sich auch an Vorbildern orientieren. Beobachten Sie andere. Immer wenn Sie etwas sehen, was Sie inspiriert, mit sich selbst besser umzugehen, übernehmen Sie es in Ihr eigenes Leben. Fragen Sie sich in kritischen Situationen: Was würde mein Vorbild in dieser Situation tun? Was würde er/sie denken? Wie würde er/sie sich verhalten?

Denken Sie auch daran, stets Ihren inneren Freund um Rat zu bitten und sich von ihm Tipps geben zu lassen.

Sich motivieren

Selbstliebe ist mit etlichen Vorteilen verbunden. Da wäre als Erstes zu nennen, dass Liebe ein wunderbares Gefühl ist. Für viele ist es das Gefühl der Gefühle. Das, was sie sich im

Leben am meisten wünschen. Liebe wird als Herzensangelegenheit bezeichnet. Damit kommt zum Ausdruck, dass Menschen sich immer der engen Verbindung von den Gedanken, den Gefühlen und dem Körper bewusst waren.

Freundschaft mit sich selbst wird Ihre Zufriedenheit deutlich erhöhen. Sie gehen besser mit sich um. Ihr Leben wird interessanter. Dadurch erleben Sie mehr Glück.

Der amerikanische Arzt Dean Ornish hat in seinem Buch ›Love and survival‹ (deutscher Titel: ›Heilen mit Liebe‹) eine Reihe von Studien angeführt, die zeigen, dass Liebe ein bedeutender Faktor für Genesung und Gesundheit ist. Als Herzchirurg hat er eine revolutionäre alternative Heilmethode für Herzkrankheiten entwickelt, die auf den Prinzipien des Yoga beruht und Liebe in den Heilungsprozess mit einbezieht.

Auch Ihre Beziehungen zu anderen werden sich zum Positiven verändern. Da Sie emotional von Ihren Mitmenschen nicht mehr so abhängig sind, können Sie sie so sehen, wie sie sind. Sie werden emotional intelligenter. Sie verstehen Ihre eigenen Gefühle und Bedürfnisse und die der anderen besser und reagieren vernünftiger. Es wird Ihnen leichter fallen, diejenigen als Ihre Freunde zu wählen, die gut zu Ihnen passen. Die anderen, die Sie nur festhielten, um nicht allein zu sein, können Sie in Zukunft loslassen.

Eine Voraussetzung für gute Beziehungen ist Authentizität. Viele Beziehungen sind von Anfang an zum Scheitern verurteilt, weil die Beteiligten sich etwas vortäuschen, was sie nicht sind. Nach der Werbephase lassen sie die Maske fallen und sind voneinander enttäuscht. Solche Dramen sind vermeidbar. Die Angst, nicht als die Person gemocht zu werden, die man tatsächlich ist, ist völlig unbegründet. Nur die Selbstablehnung führt zu diesem Missverständnis. Richtig ist, dass nicht alle einen lieben werden. Das ist normal und geht jedem so. Aber man braucht auch nicht alle – was wollen Sie mit sechs Milliarden Menschen, die Sie lieben? –, sondern nur ein paar, die einen genau so mögen, wie man ist.

Außerdem führt Selbstliebe zu besseren Gewohnheiten. Indem man Wege findet, die das Nützliche mit dem Angenehmen verbinden, kommen Entwicklungen in Gang, die man bis dahin für unmöglich hielt. Beispiel: Man entdeckt Fitnessprogramme, die stress- und schmerzfrei sind und dem Körper merklich wohltun.

Fallen Ihnen noch weitere Gründe ein, sich mehr zu lieben?

Selbstvertrauen

Wann immer man etwas lernen möchte, braucht man Selbstvertrauen. Mit der Einstellung »Ich kann das nicht« kommt man nicht weiter. Haben Sie sich schon einmal gefragt, was die erfolgreichen Menschen von den erfolglosen unterscheidet? Weit vorne stehen die unterschiedlichen Selbstbilder. Während die einen glauben, alles hänge von ihrem Talent ab, sind die anderen überzeugt, alles lernen zu können, was sie brauchen, um ans Ziel zu kommen.

Leute, die scheitern, leiden oft bereits am Anfang unter Misserfolgsangst. Sie befürchten, dass ihnen die persönlichen Voraussetzungen zum Erfolg fehlen. Eine Niederlage sehen sie als Beweis an, dass sie Versager sind. Mit ihrer

Misserfolgsangst behindern sie sich so sehr, dass sie tatsächlich viel schlechter abschneiden, als es möglich wäre.

Erfolgreiche Leute »ticken« anders. Ihr Verhalten ist von Erfolgszuversicht getragen. Sie sind optimistisch, was den Ausgang ihrer Unternehmungen angeht. Sie bleiben es auch, selbst wenn Probleme auftauchen. Probleme machen ihnen mitunter sogar Spaß, weil sie dabei etwas Neues lernen können. Misserfolge sehen sie nicht als endgültig an, sondern als unvermeidbare Irrtümer in der Serie ihrer Versuche, Wege zu ihren Zielen zu finden.

Warum Erfolgszuversicht Menschen begünstigt, ist leicht zu verstehen. Mit dieser Einstellung denken sie automatisch in die richtige Richtung. Sie stellen sich vor, was sie tun können, um ihr Ziel zu erreichen. In ihrer Phantasie malen sie sich aus, wie es gelingen wird.

Misserfolgsängstliche befürchten, dass ihre Vorhaben fehlschlagen werden. Sie sehen es bereits in ihrer Phantasie vor sich. Anstatt die erkennbaren Probleme mental zu lösen, sind sie wie gelähmt. Auch die Optimisten sehen in ihrer Vorstellung Probleme auftauchen. Aber sie lassen sich dadurch nicht aufhalten, sondern denken weiter, wie sie mit allem fertig werden.

Die Pessimisten haben ein fragiles Selbstbild. Ihr Image ist ihnen am wichtigsten. Erfolg ist für sie nur Mittel zum Zweck. Die Sache selbst interessiert sie nur so weit, als sie ihr Ansehen vergrößert und ihr Genie sichtbar werden lässt.

Erfolgszuversichtliche haben Spaß am Lernprozess. Sie blasen ihr Ego nicht auf und fürchten nicht um ihr Image. Im Grunde genommen nehmen sie Erfolge und Misserfolge nicht so wichtig. Beides ist vergänglich. Was bleibt, ist der

Spaß beim Lösen von schwierigen Aufgaben. Die Erfolge ergeben sich nebenbei.

Die Umgebung reagiert auf Erfolgszuversichtliche und Misserfolgsängstliche unterschiedlich. Nehmen wir als Beispiel eine Prüfungssituation. Die Optimistin macht einen Fehler. Die Prüfer weisen sie darauf hin. Sie bleibt jedoch gelassen, lacht entspannt und korrigiert ihren Fehler. Den Prüfern gefällt so etwas. Sie erwarten nicht, dass jemand perfekt ist. Aber sie wollen sehen, dass die Kandidatin in der Lage ist, Schwierigkeiten zu meistern. Deshalb kommt die Optimistin mit ihrer Erfolgszuversicht und ihrem darauf beruhenden souveränen Verhalten an.

Nun stellen Sie sich vor, was passiert, wenn die Pessimistin einen Fehler macht. Sie wirkt danach zerknirscht, verliert den Faden und ist jetzt noch stärker blockiert, weil sie immerzu an ihren Fehler denkt. Sie verkrampft sich mehr und mehr. Und die Prüfer? Sie verkrampfen sich auch. Eigentlich haben sie kaum eine Chance herauszufinden, was jemand wirklich kann. Eine Prüfung ist nur eine Momentaufnahme. Aber wenn die Kandidatin sich nichts zutraut, glauben sie automatisch, dass sie schlecht vorbereitet ist und den Stoff nicht beherrscht. Sie reagieren auf den Eindruck, den die Kandidatin vermittelt, nicht auf das vorhandene oder nicht vorhandene Wissen. Deshalb ist Selbstvertrauen so wichtig.

Die wahren Prüfungen spielen sich außerhalb der Schule ab. Formelle Tests sind nur Simulationen des wirklichen Lebens. Mit der Einstellung »Ich kann das lernen« ist es leichter, vorwärtszukommen, egal, was man erreichen will. Machen Sie sich also diese Haltung zu eigen. Handeln Sie mit der Zuversicht, dass Sie alles, was Sie anpacken, schaffen werden. Auf diese Weise werden Sie zwar nicht wirklich alles erreichen, aber wesentlich mehr, als wenn Sie ohne Selbstvertrauen im stillen Kämmerlein sitzen.

Selbstvertrauen und Optimismus kann man lernen. Vieles haben Sie schon erreicht. Sie beginnen nicht bei null. Erinnern Sie sich an Ihre großen und kleinen Erfolge. Kehren Sie die Misserfolgsstrategie um. Leute, die pessimistisch sind, führen sich immer wieder ihre Misserfolge vor Augen. Tun Sie das Gegenteil.

Bei dem Ziel, freundlich über sich zu denken und liebevoll mit sich umzugehen, können Sie die Haltung der Erfolgreichen gleich praktisch anwenden. Nehmen Sie sich von den zur Auswahl stehenden Möglichkeiten das vor, was Ihnen im Moment am wichtigsten erscheint. Machen Sie mit der Überzeugung, alles lernen zu können, einen ersten kleinen Schritt in die von Ihnen gewünschte Richtung. Jeder kleine Erfolg stärkt Ihr Selbstvertrauen, mit Geduld und fleißigem Üben alles erreichen zu können. Und so gehen Sie immer weiter auf Ihrem Weg.

Nur Narren glauben, dass Selbstlob stinkt. Freuen Sie sich über Ihre Fortschritte. Loben Sie sich für Ihr engagiertes Lernen. Sie dürfen ruhig »Gut gemacht, weiter so« oder etwas Ähnliches zu sich sagen. Jeder, der erfolgreich ist, macht das so.

Im Literaturverzeichnis finden Sie einige Bücher, mit deren Hilfe Sie Ihr Selbstvertrauen weiter stärken können. Besonders das Buch ›Selbstbild‹ von Carol Dweck möchte ich Ihnen empfehlen.

Zwei Schritte vor, einen zurück

Trotz aller Bemühungen wird es Ihnen nicht immer gelingen, sich selbst ein Freund zu sein. Das macht nichts. Jede Freundschaft muss auch ein paar Belastungen aushalten.

Falls Sie feststellen, dass Sie sich nicht gut behandeln, halten Sie inne. Überlegen Sie sich, was Sie stattdessen tun könnten. Müssten Sie freundlicher mit sich reden? Sich anders verhalten?

Lassen Sie sich von gelegentlichen Rückfällen nicht beirren. Machen Sie einfach da weiter, wo Sie aufgehört haben, sich zu mögen und entsprechend zu handeln. Machmal wird es Ihnen so vorkommen, als machten Sie einen Schritt vor und zwei zurück. Das ist am Anfang hart. Aber mit der Zeit gewöhnt man sich an die Mühen des Lernprozesses und nimmt sie nicht so ernst. Im Leben geht nun einmal nicht immer alles glatt. Durch Schwierigkeiten und Widerstände wird man kräftiger. Das ist nicht nur beim Muskeltraining so. Beim Charaktertraining ist es genauso. Verstehen Sie die Rückschritte als Situationen, in denen Sie noch dazulernen müssen.

Nehmen Sie sich nicht zu viel auf einmal vor. Wie viel Freude gönnen Sie sich z. B. am Tag? Gehen Sie einfach ein kleines Stück darüber hinaus. Das könnte eine zusätzliche Teepause sein. Oder der Verzicht auf einen kleinlichen Streit. Nichts Weltbewegendes. Trotzdem wird die Summe dieser kleinen freundlichen Situationen Ihr Leben mit der Zeit ganz wesentlich zum Positiven verändern.

Übung macht den Meister

Am wichtigsten ist es, dass Sie überhaupt etwas tun, um Ihr Leben mehr nach Ihrem Geschmack einzurichten. Mit der Zeit – alle Rückschläge eingerechnet – werden Sie darin immer besser werden. Es ist ein Prozess, der sich selbst optimiert, vorausgesetzt, Sie tragen dazu bei, indem Sie jeden Tag üben.

Übung bedeutet nicht notwendigerweise Anstrengung. Sollten Sie sich zum Beispiel vornehmen, einige Entspannungsmethoden zu lernen, so wäre Anstrengung damit sogar gänzlich unvereinbar. Entspannung erreicht man nur mühelos oder gar nicht. Mit Entspannung anzufangen, wäre übrigens gar keine schlechte Idee. Die meisten Menschen sind heute viel zu aktiv. Jede Minute ist irgendwie ausgefüllt. Was Muße bedeutet, wissen viele gar nicht mehr. Mehrere Entspannungspausen, über den Tag verteilt, können Wunder wirken, was Ihr Wohlbefinden angeht.

Schieben Sie Ihre Ziele nicht auf. Tun Sie nicht erst morgen, im Urlaub oder im Ruhestand etwas dafür. Jetzt ist die beste Zeit. Seien Sie heute nett zu sich – und morgen wieder.

Ihre Fortschritte können Sie überprüfen, indem Sie ein Tagebuch führen, am besten verwenden Sie ein kleines Journal, das Sie immer mit sich führen können. Benutzen Sie dafür die Skala, die ich Ihnen bereits vorgestellt habe. Nachdem Sie Ihren Ausgangspunkt bestimmt haben, stellen Sie sich täglich die Frage: Bin ich mir selbst ein guter Freund, eine gute Freundin? 1 bedeutet: gar nicht, 10: vollkommen. 8 oder 9 regelmäßig zu erreichen, wäre ein erstrebenswertes Ziel.

Am Anfang – und das können die ersten Jahre sein! – müssen Sie mit vielen Auf und Ab rechnen. Aber mit der Zeit werden Sie feststellen, dass die Ab seltener werden. Ihre Freundschaft mit sich selbst wird stabiler, verlässlicher.

Fragen Sie sich ferner: Was ist besser geworden? Lassen Sie sich Zeit mit der Antwort. Benutzen Sie Ihren kleinen Taschenkalender und tragen Sie jeden Tag etwas ein, was besser geworden ist, etwas, woran Sie merken, dass Sie anfangen, freundlicher über sich zu denken und liebevoller mit sich umzugehen. Sie können ruhig längere Zeit immer wieder dasselbe aufschreiben. Aber gar nichts in Ihr Journal einzutragen, gilt nicht! Orientieren Sie sich an Ihrem Wohlbefinden. Wann immer Sie sich tagsüber wohlfühlen, bedeutet das, dass Sie freundlich zu sich sind.

Mit ein bisschen Hilfe des inneren Freundes

Bei der Verwirklichung Ihres Ziels können Sie auf die Unterstützung Ihres inneren Freundes zählen. Nehmen Sie seine Hilfe in Anspruch, sooft Sie sie benötigen.

Manche Ratgeber betonen, wie unentbehrlich die Unterstützung durch die Familie und Freunde ist. Bis zu einem gewissen Grad stimme ich dem zu. Aber ich habe gleich am Anfang des Buchs darauf hingewiesen, dass diese nicht immer erreichbar sind. Auf wen will man sich in diesem Fall verlassen? Diejenigen, die nur die Hilfe von außen kennen, fürchten sich vor dem Moment, in dem sie einmal ganz allein dastehen. Es sind Menschen, die nie ihre innere Stärke erfahren haben. Der innere Freund ist eine Hilfe in allen Lebenslagen. Seine tröstende Stimme beruhigt, gibt neuen Mut und ermöglicht die notwendigen Schritte.

Aus den Erfahrungen mit Schiffbrüchigen weiß man, dass viele von ihnen aufgeben, bevor sie körperlich am Ende sind. Ihnen fehlt die innere Kraft, um weiterzumachen. Jeder kann – im übertragenen Sinn – einmal Schiffbruch erleiden. Deshalb ist es wichtig, rechtzeitig zu lernen, seine inneren Kräfte mobilisieren zu können. Dazu gehört die Entwicklung einer freundlichen, hilfreichen inneren Stimme, so wie ich es im ersten Teil des Buches geschildert habe.

Intuitiv weiß man viel mehr, als man glaubt. Man muss nur Gebrauch von dieser Möglichkeit machen. Die innere Stimme warnt einen vor Gefahren. Sie weist auf Chancen hin. Man kann ihr Fragen stellen und bekommt in der Regel nützliche Antworten. ForscherInnen erzielen durch plötzliche Eingebungen Durchbrüche in ihrer Arbeit. Kreative Menschen leben von ihren schöpferischen Einfällen. Man muss nicht immer nur außen nach Hilfe suchen. In vielen Fällen kommt sie genauso gut oder sogar besser von innen.

Der innere Freund ist immer für Sie da. Lassen Sie sich von ihm bei Ihren Zielen helfen.

Der Schneeballeffekt

Lehren, was man gelernt hat, ist ein sehr effektiver Weg, den eigenen Lernprozess zu vertiefen. Zeigen Sie anderen, was es bedeutet, sich selbst zu lieben.

Am wirkungsvollsten ist es, die Selbstliebe und die Liebe zu anderen vorzuleben. Gehen Sie gut mit sich um. Behandeln Sie Ihre Umwelt freundlich. Sie ermutigen damit andere, es Ihnen gleichzutun. Für die FreundInnen der lateinischen Sprache: Verba docent, exempla trahunt (Worte belehren, Beispiele ziehen mit).

Andererseits sollten Sie auf die Vermittlung Ihres Wissens durch Sprache nicht verzichten. Wie ein liebevoller Mensch denkt, können andere nicht sehen. Geben Sie deshalb einen Einblick in Ihr Denken.

Falls Sie Kinder haben, können Sie Ihr inneres Selbstgespräch ab und zu auf laut schalten, damit Ihre Kinder hören, welche Gedanken Ihnen in bestimmten Situationen durch den Kopf gehen. Wenn es angemessener ist, können Sie es ihnen auch nachträglich erklären, wie Sie über bestimmte Ereignisse gedacht haben, um gut damit zurechtzukommen.

Unterstützen Sie Ihre FreundInnen in schwierigen Situationen dadurch, dass Sie sie fragen, was ihnen angesichts ihrer Probleme durch den Kopf geht und ob dies hilfreich ist. Sollte dies nicht der Fall sein, zeigen Sie ihnen, wie sie anders über die Tatsachen denken könnten, um sich besser zu fühlen und konstruktiver zu handeln. Tun Sie das aber bitte nur, wenn die anderen bereit sind, darauf einzugehen. Vermeiden Sie es, aufdringlich zu erscheinen.

Helfen Sie anderen, freundlicher über sich zu denken, sich besser zu behandeln, sich eine angenehme Umgebung zu schaffen, der Welt ein Freund zu sein und das Leben zu lieben.

Üben Sie Gelassenheit und Toleranz. Indem Sie andere Meinungen und Lebensweisen dulden, tragen Sie zu einem angenehmeren Zusammenleben bei. Nur wenige Ansichten und Verhaltensweisen sind absolut intolerabel. Fremde Weltanschauungen und andere Lebensstile fordern aber unsere Fähigkeiten heraus, Ungewohntes kennenzulernen und zu würdigen.

Indem Sie dies alles tun, tragen Sie dazu bei, aus dieser Welt einen angenehmeren Ort zu machen.

EINLADUNG ZUM NACHDENKEN

Nehmen Sie sich einen Moment Zeit, um dieses Kapitel zu überdenken. Was war für Sie persönlich am wichtigsten? Welche Ideen fanden Sie besonders nützlich?

ZUM SCHLUSS EIN WUNDER

Stellen Sie sich vor, dass Sie heute Abend wie gewöhnlich ins Bett gehen. Über Nacht geschieht jedoch ein Wunder. Morgen früh ist alles, worüber wir in diesem Buch gesprochen haben, wahr geworden. Sie sind sich selbst der beste Freund, die beste Freundin geworden.

- Woran merken Sie als Erstes, dass ein Wunder passiert ist?
- Was ist jetzt anders?
- Was hat sich an Ihren Gedanken geändert?
- Was hat sich an Ihren Gefühlen geändert?
- Was hat sich an Ihrem Verhalten geändert?
- Was hat sich an Ihrer Umgebung geändert?
- Woran merken Ihre FreundInnen, dass ein Wunder mit Ihnen geschehen ist, dass Sie sich und Ihre Umwelt lieben?
- Was von diesem Wunder ist in Ihrem Alltag bereits Wirklichkeit?
- Was werden Sie heute und in den nächsten Tagen tun, um das Wunder weiter zu vervollständigen?

LITERATURVERZEICHNIS

Dweck, Carol: Selbstbild. Wie unser Denken Erfolge oder Niederlagen bewirkt. Frankfurt/Main 2007

Gendlin, Eugene: Focusing. Selbsthilfe bei der Lösung persönlicher Probleme. Reinbek 2007

Gendlin, Eugene/Wiltschko, Johannes: Focusing in der Praxis. Eine schulenübergreifende Methode für Psychotherapie und Alltag. Stuttgart 2007

Goleman, Daniel: Emotionale Intelligenz. München 1997

Gottman, John: Die 7 Geheimnisse der glücklichen Ehe. Berlin 2007

Hanna, Thomas: Beweglich sein – ein Leben lang. Die heilsame Wirkung körperlicher Bewusstheit. München 2000

Hilliard, Erika Bukkfalvi: Schüchtern – und erfolgreich. Wie Sie selbstbewusst mit Schüchternheit und Ängsten umgehen. Frankfurt/Main 2005

Hohensee, Thomas: Glücklich wie ein Buddha. Sechs Strategien, alle Lebenslagen zu meistern. München 2006

Hohensee, Thomas: Gelassenheit beginnt im Kopf. So entwickeln Sie einen entspannten Lebensstil. München 2007

Kunhardt, Gert von/Kunhardt, Marlen von: Keine Zeit und trotzdem fit. Minutentraining für Vielbeschäftigte. Frankfurt/Main 2007

Merkle, Rolf: Optimismus kann man lernen! Wie man das Beste aus seinem Leben macht. Mannheim 1993

Morehouse, Laurence/Gross, Leonard: Fitness für Faule. Reinbek 1976

Orloff, Judith: Positive Energie. Wie Sie Stress und Angst in Vitalität und Liebe verwandeln. München 2005

Wlodarek, Eva: Jetzt geh ich's an. Besseren Kontakt zu sich und anderen finden. Frankfurt/Main 2001

Zemach-Bersin, David/Zemach-Bersin, Kaethe/Reese, Mark: Gesundheit und Beweglichkeit. 10 Feldenkrais-Lektionen. München 2001

INTERNETADRESSEN

Schwingtrampoline werden auf der Website www.bellicon.ag vorgestellt. Unter der Postadresse Bellicon, Frankfurter Str. 243, 51147 Köln, können Sie auch einen Katalog anfordern.

Bitte besuchen Sie auch meine Internetseite

www.thomashohensee.de

auf der Sie alle Informationen über meine Bücher und mein Life Coaching finden.